¿Sabías qué?
Dinosaurios

¿Sabías qué?
Dinosaurios

Nicholas St. Fleur

Texto Nicholas St. Fleur
Asesoría Emily Keeble
Ilustración Dan Crisp, Arran Lewis, Ed Merritt

DK LONDRES
Edición Sally Beets
Diseño sénior Ann Cannings
Edición adicional Olivia Stanford, Lizzie Davey,
Jolyon Goddard, Katie Lawrence
Edición ejecutiva Laura Gilbert, Jonathan Melmoth
Edición ejecutiva de arte Diane Peyton Jones
Preproducción Dragana Puvacic
Producción Barbara Ossowska
Diseño de cubierta Jim Green
Coordinación de cubierta Issy Walsh
Dirección creativa Helen Senior
Dirección editorial Sarah Larter

DK DELHI
Diseño Nidhi Mehra, Jaileen Kaur,
Nehal Verma, Seepiya Sahni
Edición Bharti Bedi, Radhika Haswani, Mark Silas
Edición ejecutiva Alka Thakur Hazarika
Edición ejecutiva de arte Romi Chakraborty
Diseño de maquetación Dheeraj Singh,
Jagtar Singh, Vijay Kandwal
Dirección CTS Balwant Singh
Dirección de producción Pankaj Sharma
Documentación gráfica Sakshi Saluja
Dirección del equipo Malavika Talukder

De la edición en español:
Coordinación editorial Cristina Gómez de las Cortinas
Asistencia editorial y producción Eduard Sepúlveda

Servicios editoriales Tinta Simpàtica
Traducción Ana Riera Aragay

Publicado originalmente en Gran Bretaña en 2020
por Dorling Kindersley Limited
DK, One Embassy Gardens, 8 Viaduct Gardens,
Londres, SW11 7BW
Parte de Penguin Random House

Copyright © 2020 Dorling Kindersley Limited
© Traducción española: 2023 Dorling Kindersley Limited

Título original: *Does a Dinosaur Roar?*
Primera edición: 2023

ISBN: 978-0-7440-8924-0

Impreso y encuadernado en China

Para mentes curiosas
www.dkespañol.com

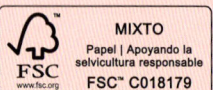

MIXTO
Papel | Apoyando la
selvicultura responsable
FSC™ C018179
www.fsc.org

Este libro se ha impreso con papel
certificado por el Forest Stewardship
Council™ como parte del compromiso
de DK por un futuro sostenible.
Para más información, visita
www.dk.com/our-green-pledge

Contenidos

La era de los dinosaurios

Anatomía

Descubre si soy un dinosaurio en la página 124.

Sentidos y hábitos

El fin de los dinosaurios

Descubrir dinosaurios

? **¿Lo sabes?**

¡Ponte a prueba! Busca los recuadros «¿Lo sabes?» a lo largo de todo el libro para ver cuánto has aprendido. Algunas de las respuestas están en las mismas páginas, pero para el resto tendrás que investigar un poco o aventurar una solución. Comprueba las respuestas en las páginas 130-131.

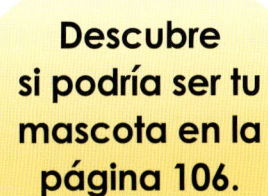

Descubre si podría ser tu mascota en la página 106.

La era de los dinosaurios

Durante más de 180 millones de años, los dinosaurios fueron los dueños del mundo. El Cryolophosaurus cazaba pequeños animales en los bosques, mientras que el Parasaurolophus buscaba plantas con hojas. Los mamíferos vivían a la sombra de los dinosaurios.

Los dinosaurios

Los dinosaurios fueron reptiles prehistóricos que vivieron hace millones de años. Habrás oído hablar del Tyrannosaurus rex o del Diplodocus. Los dinosaurios tenían muchas cosas en común, como que las patas estaban justo debajo del cuerpo y que ponían huevos.

Lagarto terrible

En 1842, el científico británico Richard Owen puso a un grupo de huesos fosilizados el nombre de «Dinosauria», palabra griega que significa «lagarto terrible».

¿Cómo se sostiene un reptil?

Lagarto

Los lagartos tienen las patas extendidas y alejadas del cuerpo. Al correr se mueven de un lado a otro.

Cocodrilo

Los cocodrilos y los caimanes tienen una posición más erguida que los lagartos. Mueven las caderas al desplazarse.

Dinosaurio

Los dinosaurios tenían las patas justo debajo del cuerpo y podían correr más rápido que los reptiles modernos.

? ¿Lo sabes?

1. ¿Qué rasgo comparten todos los dinosaurios?

2. ¿Qué científico puso a los huesos fosilizados el nombre de «Dinosauria»?

3. ¿Qué significa el nombre Tyrannosaurus rex?

Respuestas en las páginas 130-131

¿Cuánto hace que existieron?

Los dinosaurios aparecieron hace 233 millones de años (Ma), en la era Mesozoica (hace 252-66 Ma). La era Mesozoica se subdivide en tres períodos: Triásico, Jurásico y Cretácico.

¿Cuáles fueron los primeros que existieron?

Herrerasaurus
Este carnívoro de dientes afilados, uno de los primeros terópodos conocidos, vivió hace unos 231 millones de años.

Eoraptor
El Eoraptor, otro de los primeros, vivió hace unos 231 millones de años y era un veloz carnívoro bípedo.

Antes de los dinosaurios

Antes de los dinosaurios existió el Dimetrodon, un reptil de cuatro patas y una enorme vela dorsal. ....⌐

Dimetrodon   Glossopteris

Paleozoico (540-252 Ma)

Extinción
Hace unos 66 millones de años un gran asteroide colisionó con la Tierra y provocó su extinción. •••••

Jurásico (201-145 Ma)

Stegosaurus   Williamsonia

Asteroide

Tyrannosaurus rex

Abejas

Cretácico (145-66 Ma)

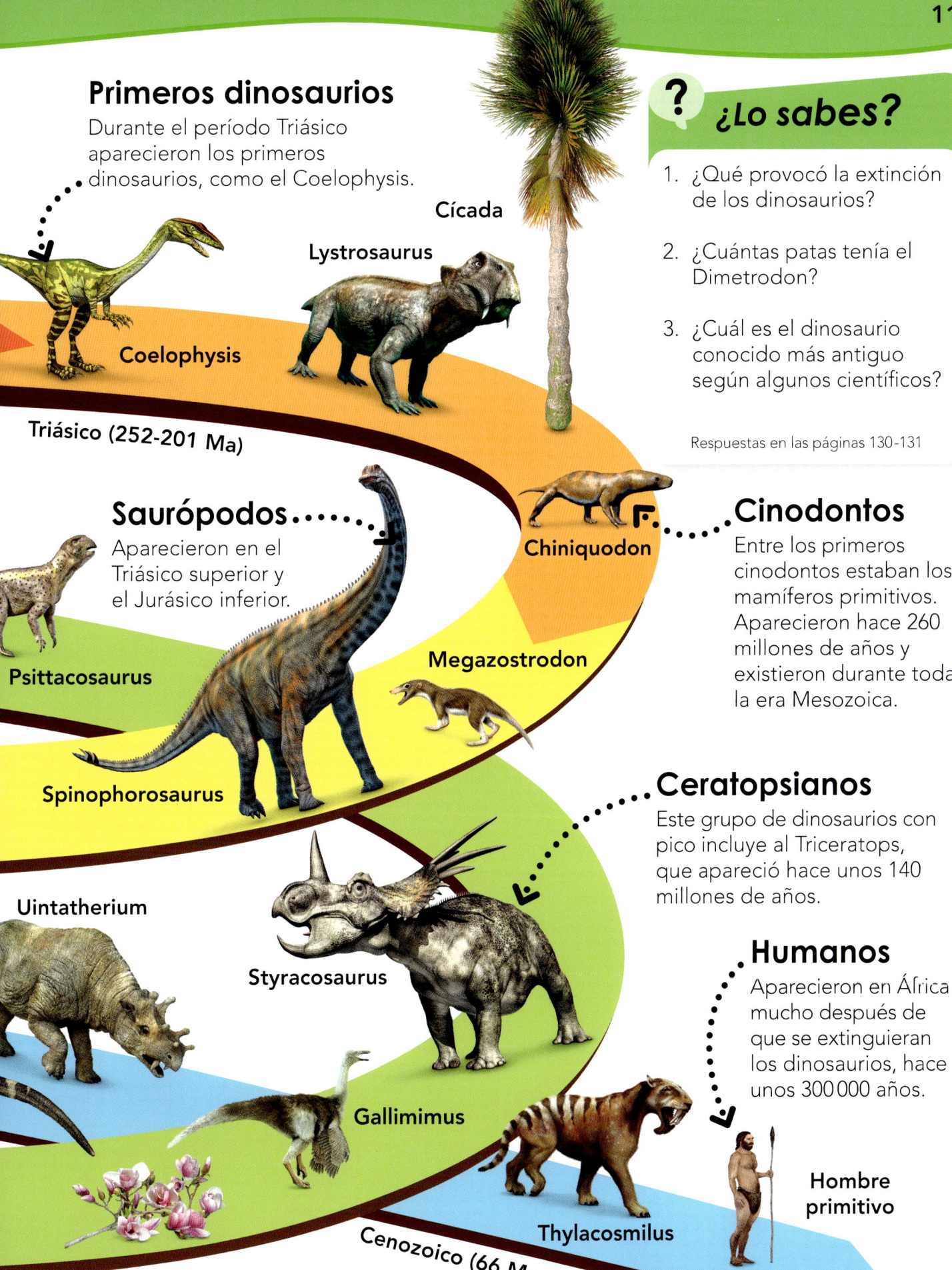

11

Primeros dinosaurios

Durante el período Triásico aparecieron los primeros dinosaurios, como el Coelophysis.

Cícada

Lystrosaurus

Coelophysis

Triásico (252-201 Ma)

11

¿Lo sabes?

1. ¿Qué provocó la extinción de los dinosaurios?

2. ¿Cuántas patas tenía el Dimetrodon?

3. ¿Cuál es el dinosaurio conocido más antiguo según algunos científicos?

Respuestas en las páginas 130-131

Saurópodos

Aparecieron en el Triásico superior y el Jurásico inferior.

Psittacosaurus

Chiniquodon

Megazostrodon

Spinophorosaurus

Cinodontos

Entre los primeros cinodontos estaban los mamíferos primitivos. Aparecieron hace 260 millones de años y existieron durante toda la era Mesozoica.

Ceratopsianos

Este grupo de dinosaurios con pico incluye al Triceratops, que apareció hace unos 140 millones de años.

Uintatherium

Styracosaurus

Gallimimus

Humanos

Aparecieron en África mucho después de que se extinguieran los dinosaurios, hace unos 300 000 años.

Hombre primitivo

Thylacosmilus

Cenozoico (66 Ma - presente)

Plantas con flores

¿Cómo ha cambiado el mundo?

En tiempos prehistóricos, en la Tierra había un gran supercontinente. A lo largo de millones de años, este se fue escindiendo. Durante ese tiempo aparecieron muchos animales, entre ellos los dinosaurios.

En un futuro lejano, todos los continentes volverán a juntarse formando un nuevo supercontinente.

Nautilus

Dimetrodon

Pérmico
Hace 299-251 Ma
Durante este período había un único supercontinente llamado Pangea. Surgió un grupo de reptiles parecidos a los mamíferos, como el Dimetrodon. Los dinosaurios todavía no habían aparecido.

Isanosaurus

Plateosaurus

Triásico
Hace 252-201 Ma
Los primeros dinosaurios aparecieron en plena era Triásica. A finales de este período, el océano Tetis empezó a dividir Pangea en dos vastos continentes.

¿Cambiaron mucho con el tiempo?

Primeros dinosaurios

Los fósiles de dinosaurio más antiguos son de hace unos 245 millones de años. Pertenecen a unos reptiles pequeños y ágiles que probablemente eran bípedos.

Últimos dinosaurios

A partir de los primeros dinosaurios surgieron otros muchos. Algunos eran enormes, otros eran cuadrúpedos y otros tenían cuernos y coraza.

Kentrosaurus

Cryolophosaurus

Jurásico

Hace 201-145 Ma

Pangea se había dividido en dos continentes llamados Laurasia y Gondwana. El clima se volvió más cálido y prosperaron las plantas y los dinosaurios.

Velociraptor

T. rex

Cretácico

Hace 145-66 Ma

En este período, los continentes siguieron separándose. El T. rex vivió en esta época, pero el Cretácico terminó con una extinción en masa de los dinosaurios.

Águila

Humano

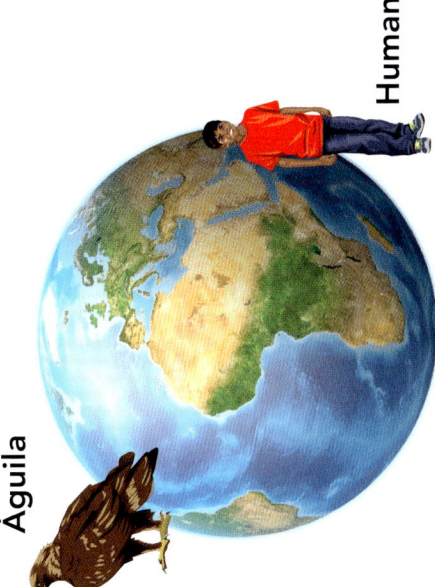

Actualidad

Hoy el mundo está dividido en siete continentes. Los dinosaurios se extinguieron hace mucho, pero sus descendientes, las aves, siguen volando, corriendo y nadando por el planeta.

¿Dónde vivían?

Los dinosaurios se extendieron por todo el mundo. Se adaptaron para poder vivir en una gran variedad de entornos, entre ellos las llanuras, los bosques tropicales, los pantanos, el litoral y los desiertos.

? ¿Lo sabes?

1. ¿Había dinosaurios en los desiertos?

2. El mundo actual ¿es igual a cuando vivieron los dinosaurios?

3. ¿Vivían siempre en las mismas zonas?

Respuestas en las páginas 130-131

Muchos dinosaurios vivían cerca del agua, pero ninguno vivía en ella.

¿Se desplazaban?

Como muchos animales actuales, los dinosaurios no se quedaban siempre en el mismo sitio. Recorrían el mundo, a menudo en busca de comida. Por ejemplo, los fósiles demuestran que los enormes saurópodos, como el Camarasaurus, debieron de recorrer enormes distancias de centenares de kilómetros.

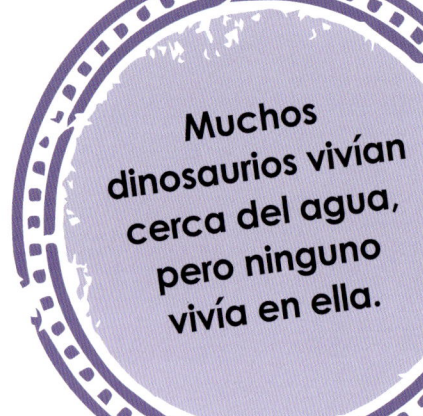

Desierto

En los desiertos había dinosaurios como el Velociraptor. Sobrevivían pese a las frecuentes tormentas de arena.

Bosque

Los bosques ribereños eran el hogar de muchos de ellos. El Cryolophosaurus cazaba otros dinosaurios herbívoros.

Pantanos

Los pantanos del norte de África son lodosos y poco profundos. Allí vivía el Suchomimus, que vadeaba en busca de peces.

Praderas

Había vastas llanuras de helechos y musgo. Los herbívoros que pastaban allí eran cazados, como las jirafas y las cebras actuales.

¿Cuántos tipos existen?

Existen cinco grupos básicos de dinosaurios, que incluyen una gran variedad de criaturas. Los dinosaurios dominaron nuestro mundo durante más de 165 millones de años.

Terópodos

Los terópodos tenían garras y dientes afilados y eran bípedos. Este grupo incluía al imponente Tyrannosaurus rex y a todos los dinosaurios voladores.

Baryonyx

? **¡Qué imagen!**

¿A qué grupo pertenece este dinosaurio?

Respuesta en las páginas 130-131

Styracosaurus

Marginocéfalos

Se alimentaban de plantas y usaban su duro cráneo para defenderse. El grupo incluye al Triceratops y al Pachycephalosaurus.

Brachiosaurus

Sauropodomorfos

Estos dinosaurios fueron las criaturas más grandes que deambularon por la Tierra. Con su largo cuello, su larga cola y su enorme cuerpo, eran los amos entre los dinosaurios.

Ornitópodos

Los ornitópodos eran dinosaurios herbívoros famosos por la extraña forma de su cabeza. Algunos de sus miembros tenían un morro en forma de pico de pato.

Parasaurolophus

Árbol genealógico

Estudiando los fósiles, los científicos pueden ver cómo se interrelacionaban los cinco grupos básicos de dinosaurios. El árbol genealógico de los dinosaurios podría ser algo así.

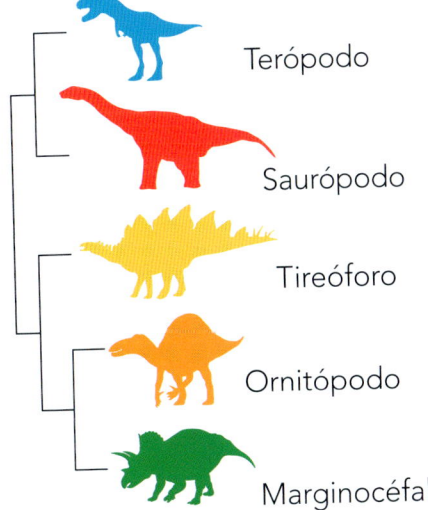

Terópodo

Saurópodo

Tireóforo

Ornitópodo

Marginocéfalo

Tireóforos

Los tireóforos tenían una gruesa armadura ósea que protegía su cuerpo. Muchos tenían además una cola con pinchos.

Ankylosaurus

¿Los dinosaurios y los tiburones coincidieron?

Los tiburones son unas criaturas milenarias. Los primeros tiburones, incluido el Hybodus, coincidieron con los dinosaurios y existían ya millones de años antes que ellos. Pero muchos de los animales actuales aparecieron mucho después de que los dinosaurios se extinguieran.

Repenomamus

Deinosuchus

Stagonolepis

Megazostrodon

Vida primitiva

Hoy solo estamos familiarizados con algunos de los animales que vivieron en tiempos de los dinosaurios. El Hybodus estaba emparentado con el tiburón moderno y el Deinosuchus, con los cocodrilos y los caimanes.

Eudimorphodon

Pterodactylus

Placerias

Postosuchus

Hybodus

Archelon

Dimorphodon

¿Coincidimos con ellos?

Los humanos no coincidieron con los dinosaurios. Nuestra especie, el *Homo sapiens*, surgió hace unos 300 000 años en África, más de 65 millones de años después de que los dinosaurios se extinguieran.

? ¿Cierto o falso?

1. Los hombres primitivos cazaban dinosaurios para alimentarse.

2. El Hybodus era un tiburón primitivo.

3. Los elefantes modernos están emparentados con el mamut lanudo.

Respuestas en las páginas 130-131

¿Podríamos sobrevivir entre dinosaurios?

Imagínate que enviamos a una familia humana al período Cretácico inferior. ¿Podría sobrevivir? No sería nada fácil. El mundo era un lugar muy distinto por aquel entonces. Los animales, las plantas y el clima eran diferentes.

¿Qué plantas comeríamos en el mundo prehistórico?

Ginkgo

Los ginkgos son árboles milenarios. Sus bayas huelen mal, pero son comestibles. La mayoría de las plantas que comemos hoy son posteriores al Cretácico inferior.

Brotes de cola de caballo

En la era de los dinosaurios, esta hierba común podía alcanzar los 30 m de altura. Los humanos pueden comer sus brotes de sabor suave.

Piñones

Las coníferas existen desde hace unos 300 millones de años. Sus frutos serían una buena fuente de grasas y proteínas para los visitantes humanos.

Clima

En el Cretácico inferior, el clima era más cálido que en la actualidad. Había menos oxígeno y más dióxido de carbono en el aire. A nosotros nos costaría más respirar.

Depredadores

El Deinonychus y otros depredadores vivían en el Cretácico. Debían de cazar en grupo en busca de alimentos apetitosos. ¡Ándate con ojo si viajas al pasado!

Inteligencia humana

La inteligencia nos ayuda a sobrevivir. Construiríamos un refugio, haríamos herramientas de caza e identificaríamos plantas comestibles. Tendríamos que aprender a hacer fuego para cocinar y ahuyentar animales.

¿Qué comían?

Amonites

Estos moluscos marinos primitivos eran un bocado crujiente para cualquier animal con mandíbulas fuertes para atravesar su grueso caparazón.

Unos a otros

En las profundidades del océano, siempre hay un monstruo marino más grande. Los reptiles marinos más grandes se comían a los más pequeños.

¿Quién nadaba en el mar prehistórico?

En los océanos prehistóricos vivían monstruos marinos como los Plesiosaurios, los Ictiosaurios y los Mosasaurios. Estas bestias primitivas no eran exactamente dinosaurios, sino reptiles marinos emparentados con los lagartos, las serpientes, las tortugas marinas y los cocodrilos modernos.

Ictiosaurio

El Ictiosaurio parecía a un cruce entre un pez espada y un delfín. Era un ágil nadador que comía calamares y peces.

Elasmosaurus

Este Plesiosaurio usaba su largo cuello y sus dientes en forma de aguja para atrapar a los peces.

Liopleurodon

Este veloz Plesiosaurio tenía unos enormes dientes afilados con los que atrapaba peces y calamares. Luego se los tragaba enteros.

El Mosasaurio era enorme: medía 15 m de largo y pesaba 5 toneladas.

Mosasaurio

Al Mosasaurio todo le parecía apetitoso. Podía zamparse tiburones, aves marinas y otros mosasaurios enteros.

Albertonectes

Este reptil marino era el Plesiosaurio de cuello más largo, con un total de 76 vértebras. El de los humanos tiene siete.

❓ ¿Lo sabes?

1. ¿Qué criatura mitológica se inspira en el Plesiosaurio?

2. ¿Cuánto pesaba un Mosasaurio?

3. ¿Cuántas vértebras cervicales tenía el Albertonectes?

Respuestas en las páginas 130-131

¿Qué plantas existen aún?

Muchas cosas han cambiado desde que vivían los dinosaurios, pero ¡algunas plantas actuales ya existían entonces! Algunas plantas empezaban a aparecer en aquella época. La hierba surgió antes de que se extinguieran los dinosaurios.

Magnolia

Las magnolias fueron una de las primeras plantas que florecieron en todo el mundo y aparecieron por primera vez durante el Cretácico.

Cícadas

Estas plantas estaban por todas partes durante la era de los dinosaurios. Actualmente son menos comunes.

Helechos

Los helechos emiten abundante oxígeno (el gas que necesitamos para respirar).

Los primeros helechos aparecieron hace unos 360 millones de años.

Araucaria

A pesar de estar repleta de hojas espinosas, los saurópodos cuellilargos debían comerla.

Ginkgo

El primer ginkgo surgió hace unos 270 millones de años. Se consideran fósiles vivientes, ya que apenas han cambiado desde los tiempos de los dinosaurios.

¿Qué plantas existían?

Glossopteris

Esta planta, famosa por sus hojas en forma de lengua, se extinguió hace unos 200 millones de años.

Alethopteris

El alethopteris era una planta que apareció antes que los dinosaurios, más o menos hace 360-300 millones de años.

Musgo

El musgo cubría el suelo y los árboles en bosques y zonas pantanosas, como hoy en día.

? ¿Lo sabes?

1. ¿Qué tipo de hoja tiene una araucaria?

2. ¿Cuándo aparecieron los primeros helechos en la Tierra?

3. ¿Qué se dice de los ginkgos?

Respuestas en las páginas 130-131

Anatomía

Los dinosaurios presentaban distintos rasgos característicos, como escamas, plumas, garras, cuernos y volantes. Algunos eran bípedos y otros andaban a cuatro patas. Unos masticaban plantas duras con sus dientes planos, mientras que otros trituraban la carne con sus dientes afilados.

Diplodocus

¿Cómo eran los dinosaurios?

Había muchos tipos de dinosaurios. Estaban los saurópodos cuellilargos, los tyrannosauros de dientes afilados y otros muchos. Algunos eran más grandes que un autobús, mientras que otros eran más pequeños que un ave moderna.

Cuello largo

Los dinosaurios herbívoros más grandes tenían el cuello muy largo para poder alcanzar las hojas más alejadas sin tener que desplazarse.

Desde la cabeza hasta la cola, el Diplodocus medía tanto como dos autobuses.

Pentaceratops

Cola ósea en forma de mazo

Ankylosaurus

Cuernos y escamas

Había dinosaurios con largos cuernos que usaban para defenderse.

Armaduras y mazos

Algunos dinosaurios tenían armadura y una cola en forma de mazo para impedir que los depredadores les atacaran.

¿Eran iguales los machos y las hembras del Estegosaurio?

Hembra

Nuevas pruebas indican que las placas del Estegosaurio debían de ser distintas en los machos y las hembras. En estas últimas eran más delgadas.

Macho

Algunos científicos creen que el macho del Estegosaurio tenía las placas más grandes y redondeadas que la hembra. Los machos debían de usar estas grandes placas para atraer a las hembras.

Placas y espinas

Muchos se defendían de los depredadores y rivales con sus placas y espinas.

Kentrosaurus

Dientes

Los dinosaurios que comían carne, o carnívoros, tenían la boca repleta de dientes afilados, con los que arrancaban grandes trozos de carne a sus presas.

Allosaurus

Alxasaurus

Garras

Las largas garras debían de servirles para excavar en busca de insectos, sujetar a sus presas o defenderse de sus enemigos.

? ¿Lo sabes?

1. ¿Cuánto medía de largo el Diplodocus?

2. ¿Para qué usaban sus largas garras?

3. Las placas del Estegosaurio macho ¿eran más grandes que las de la hembra?

Respuestas en las páginas 130-131

¿Tenían plumas?

¡Sí, muchos dinosaurios estaban cubiertos de plumas! A los terópodos, entre los que están el Tyrannosaurus rex y el Velociraptor, les salían plumas. Pese a ello, muchos de ellos no podían volar.

Fósil de Archaeopteryx

En 1860, se encontró en Alemania uno de los primeros fósiles de dinosaurio con plumas. Los científicos le pusieron el nombre de Archaeopteryx. Parecía un ave y vivía en la Tierra hace unos 150 millones de años.

Justo aquí

Esta parte de un fósil de Archaeopteryx muestra el lugar del ala donde había una pluma.

El Archaeopteryx tenía el esternón plano, así que no debía de tener unos músculos de vuelo fuertes ni volar muy bien.

¿Qué clases de plumas hay?

Cerdas
Las cerdas, que suelen estar alrededor del cuello y la cabeza de algunas aves, son plumas finas y rígidas.

Plumas mullidas
Estas plumas mantienen al pájaro caliente y cubren la mayor parte de su cuerpo. Este avestruz tiene muchas.

Plumas de vuelo
Algunas aves, como los búhos, tienen plumas de vuelo. Son suaves y con ellas pueden volar rápido.

Alas con garras

Los primeros dinosaurios con plumas tenían garras afiladas en las alas, parecidas a las del murciélago.

Alas cortas

Los dinosaurios con plumas tenían las alas más cortas que otras criaturas voladoras de la época, como los pterosaurios.

Cola

La cola del Archaeopteryx era larga, huesuda y cubierta de plumas.

Garras

Con sus afiladas garras, podía agarrar y trocear pequeñas presas, como lagartos e insectos.

? ¿Lo sabes?

1. ¿Cuándo habitó la Tierra el Archaeopteryx?

2. ¿Por qué algunas aves tienen plumas mullidas?

Respuestas en las páginas 130-131

¿Eran muy grandes?

Había dinosaurios de todos los tamaños. Los más grandes lo eran más que los animales actuales más altos, incluidos elefantes y jirafas. Los más pequeños tenían el tamaño de una gallina.

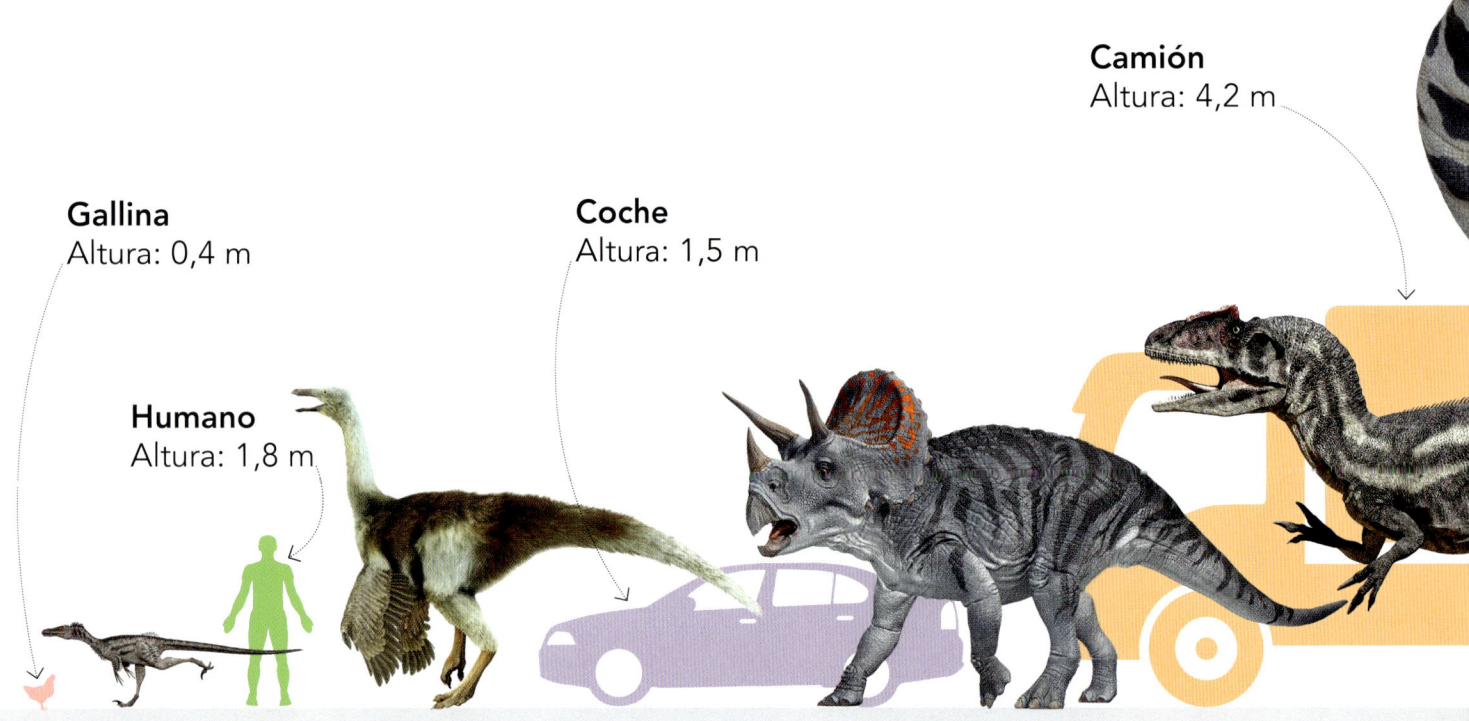

Camión
Altura: 4,2 m

Gallina
Altura: 0,4 m

Coche
Altura: 1,5 m

Humano
Altura: 1,8 m

Velociraptor
Longitud: 2 m
Altura: 0,9 m
A diferencia de los de la película *Jurassic World: Mundo jurásico*, no era tan grande como los humanos.

Gallimimus
Longitud: 6 m
Altura hasta la cadera: 2 m
Este dinosaurio parecido a un avestruz era más del doble de alto que un humano adulto.

Triceratops
Longitud: 9 m
Altura: 3 m
El Triceratops era más grande que un coche y podía pesar hasta 12 toneladas, mucho más que un elefante.

¿Qué dinosaurio era el más pesado?

Argentinosaurus

Se cree que el dinosaurio más pesado era el Argentinosaurus, que pesaba entre 60 y 90 toneladas. Se alimentaba de plantas y sus fósiles se han encontrado en Argentina, Sudamérica.

**Edificio de tres pisos
Altura: 13 m**

Allosaurus

**Longitud: 9 m
Altura: 4 m**
Antes de que apareciera el T. rex, estos temibles cazadores eran los dominadores.

Dreadnoughtus

**Longitud: 30 m
Altura hasta el hombro: 6 m**
Este gigante era uno de los dinosaurios más largos. Vivió hace 77 millones de años en la región que actualmente ocupa la Patagonia, en Sudamérica.

El nombre «dreadnoughtus» significa «no le teme a nada».

¿Tenía corazón El T. rex?

Solo un corazón inmenso puede hacer funcionar un monstruo como el T. rex. Los científicos creen que su corazón tenía cuatro cámaras, como el de las aves y los mamíferos. Hacía falta un corazón de este tipo para bombear sangre por su enorme cuerpo.

? ¿Lo sabes?

1. ¿Cuántas cámaras piensan los científicos que tenía el corazón del T. rex?

2. ¿Tenían glóbulos rojos los dinosaurios?

3. ¿Cuál era la temperatura corporal del Camarasaurus?

Respuestas en las páginas 130-131

Tamaño del corazón

El T. rex tenía un corazón muy grande, cien veces más pesado que un corazón humano. En realidad era pequeño teniendo en cuenta el gran tamaño de esta bestia, pero gracias a sus cuatro cavidades era muy eficaz.

El corazón de un elefante africano es más redondeado y mucho más grande que uno humano. Pesa unos 20 kg.

Un corazón humano tiene el tamaño de un puño grande y pesa unos 300 g.

Los cocodrilos son los únicos reptiles vivos con un corazón dividido en cuatro cámaras.

Corazón humano

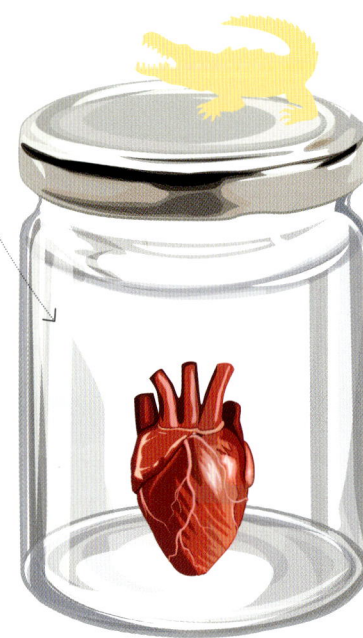

Corazón de cocodrilo

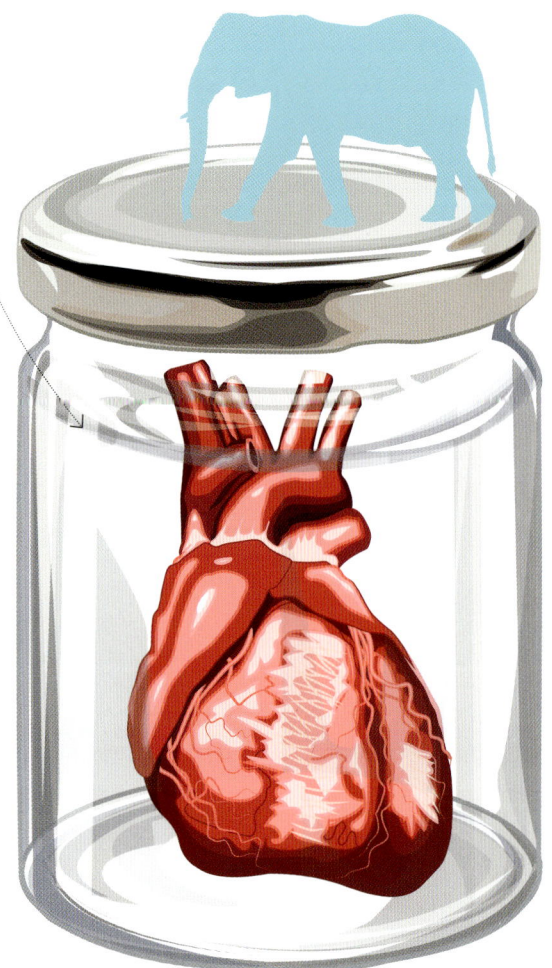

Corazón de elefante

Respiración

Los animales respiran para captar oxígeno. El sistema respiratorio de los dinosaurios como el T. rex era parecido al de las aves. Los pulmones de las aves reciben oxígeno del aire cuando inhalan y cuando exhalan gracias a unos sacos de aire conectados a los pulmones. Los de los mamíferos solo reciben oxígeno al inhalar.

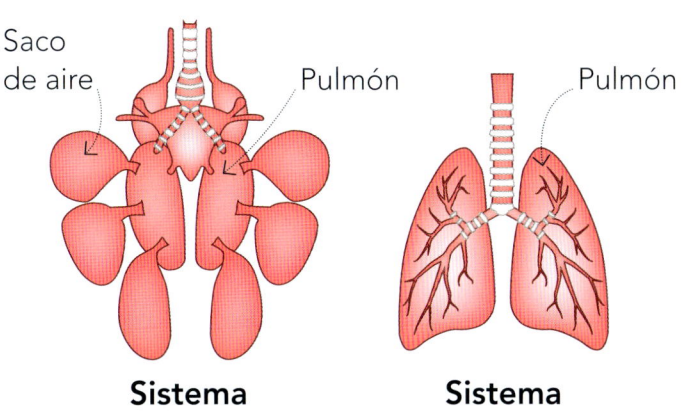

Saco de aire   Pulmón   Pulmón

Sistema respiratorio de las aves

Sistema respiratorio de los mamíferos

El enorme corazón del T. rex pesaba unos 30 kg.

Corazón de T. rex

¿Eran animales de sangre caliente?

Camarasaurus

Los científicos siguen sin tener claro si eran animales de sangre caliente, de sangre fría o una mezcla de ambas. Pero es probable que el Camarasaurus fuera de sangre caliente. Con el estudio de sus dientes, los investigadores dictaminaron que su temperatura corporal era de unos 35,7 °C.

Velociraptor

Este terópodo se desplazaba para cazar, lo que sugiere que era de sangre caliente. Puede que usara las plumas para controlar la temperatura corporal.

¿Cuántos huesos tenía un dinosaurio?

No es fácil saber el número de huesos que tenía una especie concreta de dinosaurio, ya que los esqueletos hallados suelen estar incompletos. El esqueleto de T. rex más completo que se ha encontrado solo presenta unos 250 de los 380 huesos que se cree que tenía.

¿Cómo eran las caderas de los dinosaurios?

Cadera de lagarto

Algunos dinosaurios tenían las caderas parecidas a las de los lagartos. Pertenecen al grupo de los saurisquios.

Cadera de ave

Otros dinosaurios tenían unos huesos de la cadera parecidos a los de las aves. Pertenecen al grupo de los ornitisquios.

Cola

El T. rex tenía un montón de vértebras en su larga cola, que usaba para mantener el equilibrio.

Articulaciones

Las articulaciones son el punto donde se unen dos huesos. Los dinosaurios disponían de una capa protectora llamada cartílago sobre las articulaciones, como los humanos, lo que les permitía moverse con facilidad.

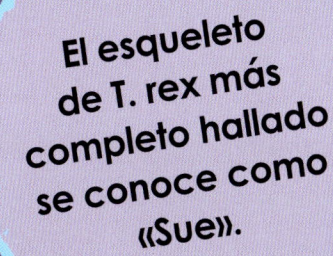

El esqueleto de T. rex más completo hallado se conoce como «Sue».

¿Cómo podían sostenerse los saurópodos?

Los saurópodos eran muy pesados. Para sostener su enorme cuerpo contaban con unas patas muy musculosas. También tenían una larga cola que les ayudaba a mantener el equilibrio y huesos increíblemente ligeros.

Spinophorosaurus

Cráneo

El cráneo puede decirnos qué comía. Si los dientes son afilados comía carne y si son planos, plantas.

Gastralia

Algunos dinosaurios tenían unos huesos llamados gastralia, como un segundo grupo de costillas situado en la parte ventral, que probablemente le ayudaban con la respiración.

? ¿Lo sabes?

1. ¿Qué es la gastralia?

2. ¿Tenían garras afiladas todos los dinosaurios?

3. ¿En qué dos grupos se dividen los dinosaurios por la forma de su cadera?

Respuestas en las páginas 130-131

Dinosaurios más altos

El Sauroposeidon era el más alto. Pertenecía al grupo de saurópodos llamados braquiosáuridos. Los Titanosaurios eran más largos, pero no elevaban tanto el cuello.

Sauroposeidon

Brachiosaurus

Argentinosaurus

Dreadnoughtus

Patagotitan

Humano   10 m   20 m   30 m   40 m

10 m

20 m

El Patagotitan era más largo que una ballena azul, pero pesaba menos.

¿Cuál era el más largo?

Los más largos era los titanosaurios, un tipo de saurópodo. Tenían la cola y el cuello muy largos, un cuerpo enorme y patas como columnas. El más largo de todos ellos era el Patagotitan.

Cuello largo

El Patagotitan llevaba su largo cuello prácticamente horizontal. Con ello podía estar quieto en un sitio y mover el cuello de un lado a otro para comerse la vegetación baja.

Patagotitan

El Patagotitan medía 37 m desde la cabeza a la cola, lo que lo convierte en el dinosaurio conocido más largo. El punto más elevado de su cuerpo medía unos 7 m.

¿Por qué crecían tanto?

Los saurópodos comían una gran cantidad de plantas, que eran muy abundantes y fáciles de encontrar donde vivían. Comían toneladas de hojas que les daban toda la energía y los nutrientes que necesitaban para hacerse gigantes.

Cuerpo grande

Ningún animal moderno, excepto las ballenas, se acerca al tamaño de los gigantescos saurópodos.

Patas muy fuertes

Cuatro fuertes patas ayudaban a los enormes saurópodos, como el Patagotitan, a sostener su pesado cuerpo. Estos dinosaurios podían pesar casi 70 toneladas.

? ¿Lo sabes?

1. ¿Cuál era el dinosaurio más largo?

2. ¿Qué animal moderno tiene un tamaño parecido al de los gigantescos saurópodos?

3. ¿Qué comían los saurópodos?

Respuestas en las páginas 130-131

¿Cuánto corrían los dinosaurios?

Los ornitomímidos son también conocidos como «imitadores de aves». Al igual que los avestruces actuales, tenían el cuello largo y el cuerpo cubierto de plumas y eran unos de los dinosaurios más veloces.

Struthiomimus

Este veloz y estilizado ornitomímido vivió hace 76-74 millones de años. Lo más probable es que se alimentara de plantas, insectos y otros animales.

Garras afiladas

Los ornitomímidos debían de usar las garras de sus patas para sujetarse al suelo, como los avestruces. Con las de los brazos atrapaba las presas.

¿Ganaríamos a un dinosaurio?

A los humanos se nos dan bien las distancias largas, pero en un esprint no tendríamos nada que hacer frente a la mayoría de los dinosaurios. Hay cierta polémica sobre si un humano podría adelantar a un T. rex... ¡Como para atreverse a comprobarlo!

? ¡Qué imagen!

¿Qué animal actual (imagen) se ha comparado con los ornitomímidos?

Respuesta en las páginas 130-131

Cola

Su larga cola cubierta de plumas le ayudaba a mantener el equilibrio, lo que le permitía correr muy deprisa.

Fuertes patas

Con sus patas fuertes y musculosas podía alcanzar velocidades de hasta 80 km/h.

¿Tenían coraza?

Algunos, como los anquilosaurios, tenían el cuerpo cubierto de placas óseas y rugosidades a modo de coraza para defenderse. También tenían pinchos y una cola en forma de mazo, que usaba como armas.

Mazo imponente

El mazo de la cola era un arma poderosa tanto para defenderse como para atacar. Con ella podía incluso matar a algunos depredadores.

Espalda ósea

Los anquilosaurios tenían la espalda cubierta por varias filas de placas óseas ovaladas y también por grandes pinchos.

Rompehuesos

Los dinosaurios como el T. rex tenían un cráneo grueso y pesado, y afilados dientes para morder a sus presas y rivales.

¿De qué otra forma se protegía el anquilosaurio?

Párpados

Los anquilosaurios tenían placas óseas incluso sobre los párpados.

Pinchos peligrosos

Tenía los hombros cubiertos de pinchos, que usaba como armas para protegerse de sus enemigos.

Casco duro

La cabeza del anquilosaurio era como un casco muy duro. Estaba cubierta de placas óseas entrelazadas que debían de estar unidas al cráneo.

¿Por qué tenían cuernos?

El Triceratops usaba sus tres temibles cuernos para atraer a las hembras y protegerse de los depredadores y rivales. Cuanto más grandes, más llamaban la atención de las hembras y más protección ofrecían ante los posibles enemigos.

Queratina

Los cuernos del triceratops eran de hueso cubierto de queratina, un material que también está en el pico de las aves y en tus uñas.

A luchar

Los Triceratops debían de chocar cuernos como este durante sus peleas entre ellos.

? ¿Lo sabes?

1. ¿Dónde se encuentra la queratina?

2. ¿Qué tamaño tenía el volante de un Triceratops?

3. Di tres animales actuales que choquen cuernos.

Respuestas en las páginas 130-131

¿Qué animales modernos chocan cuernos?

Impalas

Los impalas vagan por la sabana africana (llanuras cubiertas de pastizales). Estos pequeños antílopes usan los cuernos para defenderse de los depredadores, como las hienas y los guepardos, y para luchar entre sí.

Ciervo

El ciervo macho usa sus astas para luchar con otros machos, especialmente en la época de apareamiento. Se inclina hacia delante y embiste con su cornamenta.

Volantes óseos

En los volantes fosilizados se han encontrado rasguños, lo que sugiere que el dinosaurio había sido herido por los cuernos de otro Triceratops.

En crecimiento

De bebé, el Triceratops tenía un volante pequeño, de unos 38 cm. A medida que crecía, el volante iba incorporando filigranas óseas. El volante de los adultos medía unos 2 m de ancho.

Bebé

Joven

Adulto

¿Cómo era el dinosaurio más pequeño?

El dinosaurio más pequeño te habría cabido en la palma de la mano, ya que tenía el tamaño aproximado de un gorrión. Este diminuto dromaeosaur era pariente del Velociraptor.

Huellas

En 2018, los científicos descubrieron unas huellas de pie de hace 110 millones de años en Corea del Sur. Las diminutas huellas, que medían solo 1 cm de largo, eran las huellas de dinosaurio más pequeñas jamás encontradas. La criatura todavía no tiene nombre, pero sus pisadas se llaman *Dromaeosauriformipes rarus*.

❓ *¿Lo sabes?*

1. ¿Cuándo descubrieron los científicos el fósil de Anchiornis huxleyi?

2. ¿Qué dinosaurio era del tamaño de un gorrión?

3. ¿Cómo se llaman las huellas de dinosaurio más pequeñas halladas?

Respuestas en las páginas 130-131

¿Se han encontrado fósiles de dinosaurios pequeños?

En 2009, los científicos encontraron el fósil de un Anchiornis huxleyi, que tenía el tamaño de una gallina. Este dinosaurio vivió hace unos 150-160 millones de años. Probablemente usaba sus plumas a modo de paracaídas para lanzarse de una rama a otra.

Algunos microraptors tenían cuatro alas, dos en los brazos y dos en las patas.

Otros dinosaurios pequeños

Había muchos dinosaurios diminutos viviendo en la Tierra hace millones de años. La mayoría de ellos estaban cubiertos de plumas, como el Epidexipteryx, del tamaño de una paloma, y debían de parecer pequeñas aves.

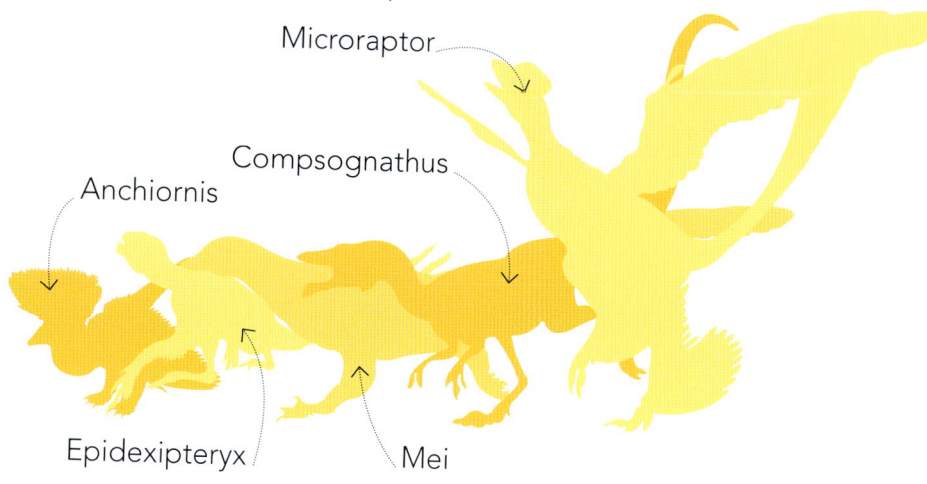

Microraptor

Compsognathus

Anchiornis

Epidexipteryx

Mei

¿Qué comían?

Muchos dinosaurios eran herbívoros, lo que significa que se alimentaban de plantas. ¡Pero otros eran carnívoros que comían incluso la carne de dinosaurios muertos! También los había omnívoros, que comían tanto carne como plantas.

Los científicos estudian las heces fosilizadas, los coprolitos, para saber lo que comían.

Spinosaurus

Carnívoros

Las herramientas de los carnívoros eran unos dientes puntiagudos y unas garras afiladas. Con ellas los carnívoros, como el Spinosaurus y el Velociraptor, atrapaban y aniquilaban a sus presas.

Herbívoros

Los herbívoros, como los saurópodos, ingerían constantemente grandes cantidades de helechos y hojas.

¿Cómo digerían los alimentos?

Los herbívoros debían de tragarse unas piedras lisas llamadas gastrolitos, que les ayudaban a digerir la comida. Una vez en el estómago, los gastrolitos seguramente ayudaban a triturar las plantas que habían ingerido.

Gastrolitos

1. ¿Cuáles comían una mayor variedad de alimentos?

2. ¿Qué tipo de alimentos comían los herbívoros?

3. ¿Qué debían de comer los triceratops?

Respuestas en las páginas 130-131

Argentinosaurus

Therizinosaurus

Omnívoros

Los omnívoros comían lo que tenían a mano. Podían alimentarse de plantas y bayas un día, y de insectos y lagartos el siguiente.

Bóveda ósea

Pachycephalosaurus significa «lagarto de cabeza gruesa». ¡Su cráneo, de 25 cm de grosor, era como 40 veces más grueso que el cráneo de un humano! Se cree que usaba la bóveda ósea en las peleas con otros dinosaurios.

Dientes especializados

Parece que se alimentaba básicamente de plantas, que masticaba con sus dientes en forma de hoja. Pero también tenía unos dientes frontales puntiagudos, como los de los dinosaurios carnívoros.

¿Para qué servía la bóveda ósea del Pachycephalosaurus?

Los científicos no se ponen de acuerdo sobre la bóveda ósea del Pachycephalosaurus. Algunos piensan que la usaba para embestir a sus rivales, y otros, que la utilizaba para atraer la atención de las hembras.

Corona de pinchos

La bóveda craneal estaba rodeada de huesos puntiagudos. Es posible que dicha corona aumentara su atractivo frente a las hembras.

Piel escamosa

Probablemente tenía el cuerpo recubierto por una piel escamosa, que lo protegía de las picaduras de insectos y de las espinas.

¿Otros dinosaurios tenían bóveda craneal?

Acrotholus

Este dinosaurio de cráneo abovedado era más pequeño que el Pachycephalosaurus. Su cráneo tenía unos 3 cm de grosor.

Stygimoloch

Algunos paleontólogos consideran que los Stygimoloch que se han encontrado no son más que unos Pachycephalosaurus jóvenes.

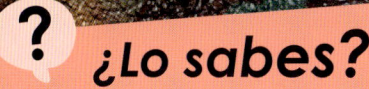

? ¿Lo sabes?

1. ¿De qué grosor era el cráneo del Pachycephalosaurus?

2. ¿Para qué usaba su cabeza llena de pinchos?

3. ¿Qué comía el Pachycephalosaurus?

Respuestas en las páginas 130-131

Con pico

A causa de su pico, el frontal de su cara se parece a la de los pájaros. Usaba el pico para comer plantas.

Brazos pequeños y musculosos

A pesar de su pequeño tamaño, los brazos del T. rex debían de ser muy fuertes. Algunos científicos calculan que podían sostener unos 200 kg.

¿Por qué el T. rex tenía los brazos cortos?

No se sabe para qué usaba el T. rex sus diminutos brazos. Este imponente dinosaurio debía de usarlos para atrapar y sujetar a sus presas, o para levantar del suelo su voluminoso cuerpo.

Garras brutales

Las afiladas garras de los brazos del T. rex podían llegar a medir más de 15 cm de largo.

Cuerpo enorme

¡El T. rex medía más de 12 m de largo y debía de pesar más que un camión pequeño!

¿Tenían todos los tiranosauroideos los brazos cortos?

Guanlong wucaii

Este tiranosauroideo vivió hace unos 160 millones de años. Tenía los brazos más largos que el T. rex, y debía de usarlos para atrapar presas. Medía solo 1,1 m de alto, así que era más pequeño que el T. rex.

Moros intrepidus

Era un tiranosauroideo que existió hace 96 millones de años. Tenía el tamaño de un ciervo, pero desconocemos de qué tamaño eran sus brazos.

Pies grandes

El T. rex tenía dos pies grandes, cada uno de ellos con tres dedos provistos de afiladas garras.

? ¿Lo sabes?

1. ¿Cuánto peso podían sostener los brazos del T. rex?
   a) 200 kg
   b) 400 kg
   c) 600 kg

2. ¿Era herbívoro o carnívoro?

Respuestas en las páginas 130-131

¿Cómo eran los dientes del T. rex?

Ninguna criatura tenía una sonrisa tan siniestra como la del T. rex. En la boca tenía 60 dientes en forma de daga que medían entre 23 cm y 31 cm de largo.

Tabla comparativa

¡De la raíz a la punta, un diente de T. rex tenía el mismo tamaño que el cráneo de un Velociraptor y casi el doble de largo que un plátano!

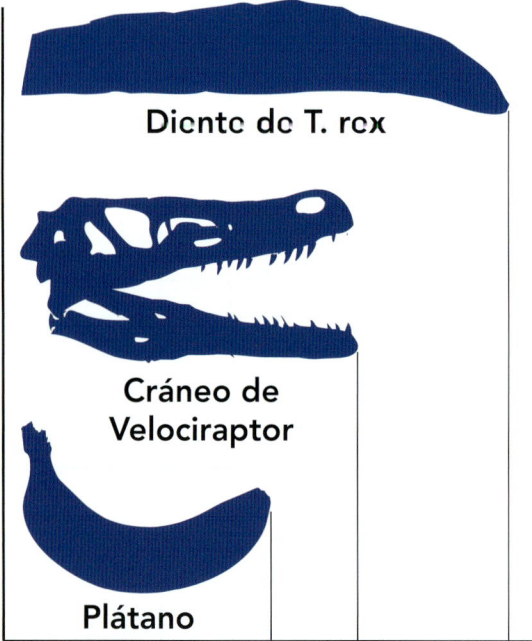

Diente de T. rex

Cráneo de Velociraptor

Plátano

0	18 cm	23 cm	31 cm

Dientes de sierra

Sus dientes tenían el borde serrado, lo que le ayudaba a desgarrar la piel y arrancar la carne de los huesos de sus presas.

Mandíbula gigante

El T. rex podía triturar los huesos de un animal con su fuerte mandíbula.

Cráneo ligero

Unas aberturas entre los huesos, las fenestras, hacían que el cráneo fuera ligero.

Hay científicos que piensan que debió de ser el animal con la mordida más fuerte.

El T. rex ¿era cazador o carroñero?

Los científicos no se ponen de acuerdo en si era un cazador que acechaba y mataba a sus presas o un carroñero que comía animales muertos. Una posibilidad es que fuera un depredador que cazaba y consumía carroña.

? ¿Lo sabes?

1. ¿Cuántos dientes tenía el T. rex?

2. ¿Qué dinosaurio tenía el cráneo del tamaño de un diente de T. rex?

3. ¿Las fenestras del cráneo del T. rex hacían que fuera más ligero o más pesado?

Respuestas en las páginas 130-131

¿Todos tenían cola?

Sí, todos los dinosaurios tenían cola. Algunos tenían temibles pinchos o un mazo enorme en el extremo de la cola y la usaban como arma. Otros la utilizaban para mantener el equilibrio, para camuflarse o para desplazarse más rápido cuando cazaban.

Los enormes saurópodos, como el Diplodocus y el Supersaurus, eran los de cola más larga.

Cola larga y fina

Algunos dinosaurios cuellilargos, como el Diplodocus, tenían una cola igual de larga.

Cola de mazo

El Euoplocephalus podía balancear la cola en forma de mazo como si fuera un martillo de guerra y su cuerpo tenía una gruesa coraza cubierta de pinchos.

Euoplocephalus

Un balanceo potente del mazo podía romper huesos.

Cola con pinchos

El Stegosaurus tenía pinchos en la cola, así que un depredador se lo pensaban dos veces antes de atacarle. Algunos pinchos medían más de 1 m de largo.

Stegosaurus

Diplodocus

Cola con plumas

Muchos terópodos pequeños, como el Caudipteryx, tenían una cola con plumas. Quizá fueran el origen de las colas con plumas de las aves actuales.

Caudipteryx

¿Se ha conservado alguna cola fósil?

En 2016, los científicos encontraron una cola de dinosaurio con plumas. Estaba atrapada en ámbar, una sustancia pegajosa fosilizada. La cola probablemente era de un Coelurosaur del tamaño de un gorrión.

Cola de rayas

Los restos bien conservados de un Sinosauropteryx muestran que las plumas de su cola debían de tener rayas blancas y marrones, que le ayudaban a camuflarse.

Sinosauropteryx

De mazo y con pinchos

Algunos, como el Shunosaurus, tenían una cola en forma de mazo y con pinchos. Probablemente la usaban para defenderse de los depredadores.

Shunosaurus

La longitud total del Shunosaurus adulto era de unos 9,5 m.

Albertosaurus

? ¿Lo sabes?

1. ¿Qué dinosaurios tenían la cola más larga?

2. ¿Tenían los dinosaurios huesos en la cola?

3. ¿Qué dinosaurio tenía la cola de rayas?

Respuestas en las páginas 130-131

En equilibrio

El Albertosaurus tenía una enorme cola que equilibraba el peso de su gran cabeza y su enorme cuerpo. Muchos dinosaurios grandes necesitaban una cola pesada para mantener el equilibrio.

¿De qué tamaño eran los huevos?

Todos los dinosaurios, desde el imponente Titanosaurio hasta el pequeño Microraptor, ponían huevos, como las gallinas de hoy. Estudiando sus huevos fosilizados, los científicos han podido conocer su tamaño y, en algunos casos, incluso su color.

Apatosaurus

Ponía unos huevos más grandes que pelotas de baloncesto. El adulto era un herbívoro realmente enorme.

Tarbosaurus

El Tarbosaurus era pariente del T. rex. Sus huevos se han hallado en Mongolia y China.

Oviraptor

Al principio se confundieron con los del Protoceratops y se pensó que robaba huevos.

Pelota de tenis 6,5 cm

¿Tenían nidos?

Nido abierto

Algunos ponían sus huevos en grandes nidos abiertos. Muchos terópodos, que están estrechamente emparentados con las aves, utilizaban esta táctica.

Enterrados

La mayoría enterraban sus huevos bajo un montón de arena para protegerlos de los hambrientos depredadores.

? ¿Cierto o falso?

1. Se han encontrado huevos de Tarbosaurus en Japón y Australia.

2. La mayoría ponían huevos en grandes nidos abiertos.

3. Un huevo de Apatosaurus era más grande que una pelota de baloncesto.

Respuestas en las páginas 130-131

Hadrosaurus

Estos dinosaurios pico de pato ponían unos huevos mucho más grandes que los de los patos.

Protoceratops

El Protoceratops ponía sus huevos en grandes nidadas, o tandas. Cada uno medía unos 16 cm de largo.

Pelota de baloncesto 23,8 cm

¿Qué dinosaurio tenía el aspecto más raro?

Con su combinación única de garras como guadañas, cuello desgarbado y abdomen prominente, el Therizinosaurus es uno de los dinosaurios más extravagantes descubiertos hasta la fecha. Era pariente del Velociraptor, pero se alimentaba básicamente de plantas y vivió hace 75 millones de años.

Cuello largo

El cuello del Therizinosaurus, de unos 3 m de largo, era más largo que el de una jirafa. También tenía una larga cola y en total medía 10 m.

Jirafa

Garra fosilizada

Largas garras

Sus garras curvas medían 1 m de largo. Debía de utilizarlas para llevarse las plantas a la boca.

Barrigón

Tenía un abdomen prominente, o barriga redondeada, donde digería lentamente, o descomponía, la vegetación.

Mono narigudo

¿Qué otros dinosaurios tenían rasgos singulares?

Linhenykus

Este dinosaurio parecía un avestruz en miniatura, pero con los brazos rechonchos y con una garra, que debía de usar para rebuscar en los termiteros.

Epidexipteryx

Este pequeño dinosaurio tenía unas plumas largas y extrañas en la cola. No le ayudaban a volar, pero debía de usarlas para atraer a las hembras.

Kosmoceratops

El Kosmoceratops tenía ocho cuernos curvados hacia abajo en la cabeza y otros dos que le sobresalían sobre las cejas.

Sentidos y hábitos

En el peligroso mundo mesozoico, los dinosaurios necesitaban sus cinco sentidos para sobrevivir. El T. rex detectaba sus presas gracias a un excelente sentido del olfato, mientras que el Yi qi usaba su buena vista para detectar cualquier peligro.

¿Qué hacían a lo largo del día?

El objetivo básico de los dinosaurios era sobrevivir. Tenían que asegurarse de vivir lo suficiente como para ver un nuevo día. Para lograrlo, se pasaban el tiempo buscando comida, escapando de los depredadores, protegiendo su hogar y cuidando de sus crías.

Carnotaurus

¿Lo sabes?

1. ¿Cómo se llaman los huesos circulares que se hallan en los ojos de un dinosaurio?

2. El Carnotaurus ¿era carnívoro o herbívoro?

3. ¿Qué comía el Diplodocus?

Respuestas en las páginas 130-131

Defender el territorio

Algunos dinosaurios, como el Carnotaurus, debían de mostrarse muy protectores con su territorio. Se enfrentaban a sus enemigos para asegurarse de que no les arrebataran su hogar.

En busca de comida

Para algunos dinosaurios, como el Diplodocus, encontrar comida era tan fácil como hallar plantas de hojas sabrosas. Pero para otros, comer era una lucha y pasaban mucho tiempo buscando el alimento correcto.

Diplodocus

¿Podían ver de noche?

Anillo esclerótico

Muchos dinosaurios tenían unos huesos circulares en los ojos que hacían que se mantuvieran en su sitio. Estudiando estos huesos, conocidos como anillos escléroticos, los científicos han llegado a la conclusión de que dichos dinosaurios podían ver por la noche. Otros opinan que no hay pruebas suficientes.

Cuidado de las crías

Algunos dinosaurios, como el Maiasaura, dedicaban mucho tiempo a cuidar de sus crías. Debían de pasar la mayor parte del día alimentando a sus crías y protegiéndolas de los depredadores.

Maiasaura

Depredadores y presas debían estar siempre alerta. ¡Podían acabar muertos de hambre o siendo la cena de otro!

◢·····.Garganta

Los científicos piensan
que la garganta de un
dinosaurio se parecía
a la de las aves y los
cocodrilos.

Producir sonidos

Los científicos han usado sonidos
emitidos por cocodrilos y aves
para recrear el sonido que creen
que hacían los dinosaurios.
Más que un rugido, debía ser
una especie de quejido grave.

¿Los dinosaurios rugían?

El temible rugido del T. rex que has
oído en la pantalla podría ser una
creación del cine, ya que los científicos
piensan que puede que no emitiera
ningún rugido. Más bien debía de
producir un ruido atronador que te
habría puesto los pelos de punta.

? ¿Lo sabes?

1. ¿El T. rex debía abrir la
   boca para hacer sonidos?

2. ¿Qué vibra en nuestra
   garganta al hablar?

3. ¿Qué sonidos de animales
   han combinado los
   científicos para emular el
   de un dinosaurio?

Respuestas en las páginas 130-131

Cómo canta un ave

Nosotros tenemos una laringe, o caja laríngea, en la tráquea. Contiene las cuerdas vocales que vibran para producir sonidos. Las aves actuales tienen una siringe, con dos ramificaciones, en la parte inferior de la tráquea. Las dos ramificaciones vibran por separado, así que las aves pueden emitir dos sonidos a la vez. ¡Es como si hicieran un dueto consigo mismos!

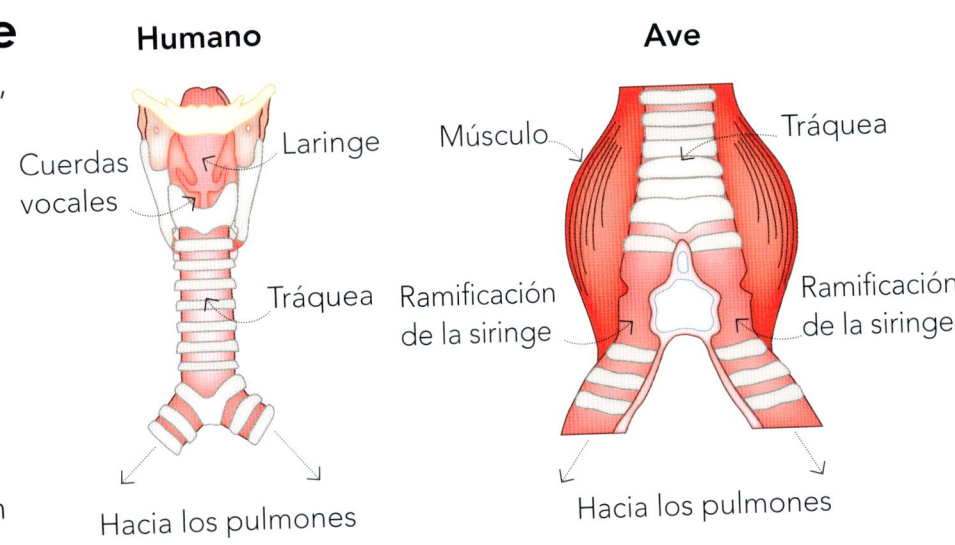

Humano

Cuerdas vocales

Laringe

Tráquea

Hacia los pulmones

Ave

Músculo

Tráquea

Ramificación de la siringe

Ramificación de la siringe

Hacia los pulmones

Mandíbulas

El T. rex tenía una mandíbula enorme, pero no necesitaba abrirla para producir ruidos. Los científicos creen que el T. rex podía emitir sonidos con la boca cerrada, como hacen los reptiles y las aves.

¿Las crías jugaban?

¡Sí, probablemente! Los científicos aprenden cosas nuevas sobre los dinosaurios observando cómo se comportan animales que están emparentados con ellos. Se ha visto jugar a las crías de pájaro, cocodrilo y caimán, y parecían pasarlo bien. Así que es posible que las crías de dinosaurio hicieran lo mismo.

¿Eran unos buenos padres?

Se cree que algunos dinosaurios, como los Oviraptors, eran padres atentos que pasaban mucho tiempo vigilando y cuidando de sus nidos.

El Maiasaura estaba cerca de su madre después de dejar el nido. Vivía en grandes manadas.

Maiasaura

Algunos dinosaurios, como los Maiasaura, eran criados en nidos unos cerca de otros. Sus padres se ocupaban de ellos mientras eran pequeños. Eso significa que debían tener la oportunidad de jugar entre ellos y relacionarse.

Juguetones

Las crías de dinosaurio debían de jugar entre ellas o con objetos, tal como lo hacen las crías de las aves y los cocodrilos.

Crías

Al salir del huevo una cría de Maiasaura medía unos 30 cm de largo. ¡Más o menos como este libro! Pero luego crecía hasta alcanzar los 9 m de largo.

Seguridad

Los dinosaurios más jóvenes se refugiaban de los depredadores manteniéndose cerca de sus progenitores u otros miembros grandes del grupo, como hacen hoy en día las crías de elefante o ñu.

? *¿Lo sabes?*

1. ¿Qué animales actuales se estudian para comprender su comportamiento?

2. ¿Qué dinosaurio fue erróneamente acusado de «ladrón de huevos»?

3. ¿Qué tamaño podía tener la manada de Maiasaura?

Respuestas en las páginas 130-131

¿Por qué tenían velas, crestas y volantes?

A los dinosaurios les encantaba exhibirse. Muchos tenían volantes alrededor del cuello, crestas coloridas en la cabeza o grandes velas en la espalda, probablemente para atraer a las hembras.

Citipati

Parecido a un pájaro, tenía una cresta de hueso y queratina en la cabeza. La queratina es el material del que están hechos el pelo y las uñas humanas.

Algunas crestas de la cabeza producían un sonido parecido a la trompeta.

Los volantes del cuello mostraban lo atractivos que eran.

Pentaceratops

A causa de su gran volante el Pentaceratops era el animal terrestre con el cráneo más grande: medía 2,3 m de alto.

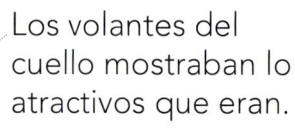

Cryolophosaurus

Este carnívoro tenía una cresta sobre la cabeza que parecía un abanico o una corona diminuta.

Corythosaurus

Se le llama así porque la cresta de su cabeza se parecía al casco de un antiguo soldado corintio.

¿Cómo se exhiben los animales actuales?

Elefante marino
Los machos tienen una nariz colgante que usan para atraer a las hembras. También la usan para producir rugidos fuertes.

Pavo real
Los machos mueven las hermosas plumas verdes y azules de su cola para mostrar a las hembras lo atractivos que son.

La cresta de dinosaurio más larga era la del Parasaurolophus. Medía 1 m de largo.

Las crestas nasales quizá servían para emitir reclamos de apareamiento.

Muttaburrasaurus
El Muttaburrasaurus tenía una protuberancia en el hocico. Debía de usar esta nariz bulbosa para emitir sonidos fuertes con los que se comunicaba.

Las velas quizá les ayudaban a controlar la temperatura corporal.

Ouranosaurus
El Ouranosaurus tenía una enorme vela en la espalda sostenida por unas espinas unidas a la columna vertebral.

? ¿Lo sabes?

1. ¿Qué dinosaurio tenía una cresta en forma de corona sobre la cabeza?

2. ¿La hembra del pavo real tiene plumas de colores en la cola?

Respuestas en las páginas 130-131

¿Era más fuerte el T. rex o el Spinosaurus?

Estos dos carnívoros tenían un cuerpo fuerte y ágil y muchos dientes en forma de daga. El Spinosaurus era más grande y tenía unos brazos fuertes, pero el T. rex podía destrozar la carne y los huesos con su potente mandíbula. Sin embargo, nunca coincidieron, ya que vivieron en épocas distintas y en extremos opuestos del mundo.

T. rex

Debido a su mordida trituradora, este monstruo de 10 toneladas era el dinosaurio más temible de Norteamérica y Asia en el mundo prehistórico.

Dientes

La boca del T. rex albergaba más de 60 dientes largos y afilados. Algunos tenían el borde irregular.

? ¿Lo sabes?

1. ¿Qué dinosaurio tenía la mordida más fuerte?

2. ¿Qué tenía de peculiar en la espalda el Spinosaurus?

3. ¿Podían encontrarse un Spinosaurus y un T. rex?

Respuestas en las páginas 130-131

Espinas de la vela

El Spinosaurus tenía una vela en la espalda con espinas de hasta 2 m de largo unidas por la piel. Hacían que pareciera más grande y aterrador frente a sus enemigos.

Spinosaurus

El Spinosaurus vivía en Norteamérica y usaba sus dientes afilados para cazar peces. ¡Su mordisco debía de ser muy desagradable!

El Spinosaurus es el dinosaurio carnívoro conocido más grande que ha existido.

¿Podían nadar?

Es posible que no todos los dinosaurios fueran exclusivamente terrestres. Hay indicios que muestran que algunos, como el Suchomimus, también nadaban. Es posible que pescara peces en aguas poco profundas.

¿Había más dinosaurios que nadaran?

Spinosaurus
Es posible que este gigante depredador supiera nadar. Probablemente usaba sus dientes en forma de aguja para atrapar y arponear a los peces.

Como un cocodrilo

Suchomimus significa «imitador de cocodrilo». Su largo cráneo y su estrecha mandíbula se parecían a los de un cocodrilo.

Pescar

Las mandíbulas del Suchomimus tenían más de 120 dientes afilados, ideales para atrapar peces.

? ¿Lo sabes?

1. ¿Para que utilizaba el Spinosaurus sus dientes de aguja?

2. ¿Era carnívoro el Suchomimus?

3. ¿Qué reptil vivo tiene el cráneo parecido al del Suchomimus?

Respuestas en las páginas 130-131

¿Tenían amigos?

Algunos dinosaurios pasaban mucho tiempo juntos. A los herbívoros, vivir con otros dinosaurios les ayudaba a protegerse de los depredadores. Los carnívoros cazaban en grupo para hacerse con presas grandes.

Los dinosaurios no solo pasaban tiempo juntos, sino que comían, dormían y se desplazaban en manadas.

Manada de Uberabatitan

Proteger las crías

Algunos dinosaurios protegían ferozmente a sus crías. Se han encontrado algunos progenitores prehistóricos fosilizados junto a sus crías.

¿Qué otros animales viven en grupos?

Cebras

Vivir y desplazarse en grupo ofrece a las cebras una mayor protección frente a sus muchos depredadores. Las cazan animales que acechan ocultos entre la alta vegetación de la sabana africana.

Leones

Los leones viven y cazan en grupos conocidos como manadas. Eso les permite trabajar conjuntamente para matar animales grandes, como cebras y ñus.

Prueba fósil

Se han hallado fósiles de Triceratops uno al lado del otro, lo que sugiere que algunos dinosaurios vivían en manadas.

? ¿Lo sabes?

1. ¿Por qué algunos dinosaurios herbívoros vivían en manadas?

2. ¿Cómo se llama un grupo de leones?

3. ¿Qué tipo de animal es el que come tanto plantas como animales?

Respuestas en las páginas 130-131

Alas

Las alas del pterosaurio tenían una piel correosa y fina unida a las extremidades y los lados del cuerpo.

A cuatro patas

Las huellas fósiles de los reptiles voladores prehistóricos sugieren que andaban a cuatro patas. Doblaban las alas y apoyaban la parte delantera del cuerpo sobre los dedos.

Alas dobladas para andar

Alas extendidas para volar

En el cielo

En tierra

Pies

Sus pies pequeños los hacían más aerodinámicos al volar y podían surcar fácilmente los cielos.

¿Los pterosaurios eran dinosaurios?

¡No! Es un error muy común, pero los pterosaurios no eran dinosaurios. Es posible que algunos dinosaurios volaran y planearan, pero los amos del cielo eran los pterosaurios, que eran reptiles voladores. Entre ellos estaban el Pterodactylus y el Pteranodon.

Cresta

Muchos pterosaurios tenían crestas de colores. Algunas eran anchas y en forma de abanico, y otras eran finas y puntiagudas, como una daga.

¿Qué tamaño tenían?

Quetzalcoatlus

Fueron los animales voladores más grandes que han existido. El enorme Quetzalcoatlus tenía una envergadura de 10 m, como un avión de combate.

Pico

Este pterosaurio, llamado Tupandactylus imperator, tenía un pico sin dientes y una pequeña cresta bajo la mandíbula inferior.

Dedos

Los pterosaurios tenían tres dedos muy juntos provistos de garras y un cuarto dedo muy largo que se extendía hasta el extremo del ala.

Tenían huesos ligeros y huecos de finas paredes. Eso facilitaba el vuelo.

? ¿Lo sabes?

1. ¿Cómo les facilitaban el vuelo los huesos?

2. ¿Batían las alas o se limitaban a planear?

3. ¿Qué tamaño tenían los pterosaurios más pequeños?

Respuestas en las páginas 130-131

¿Se comían entre ellos?

Algunos dinosaurios, como el Tyrannosaurus rex, cazaban otros dinosaurios para alimentarse. Estos carnívoros tenían que ser muy fuertes para atrapar y devorar a sus presas.

La mordida del T. rex era unas cuatro veces más fuerte que la de un caimán.

Fuertes

El T. rex tenía una mandíbula fuerte con la que trituraba a sus presas.

T. rex y Triceratops

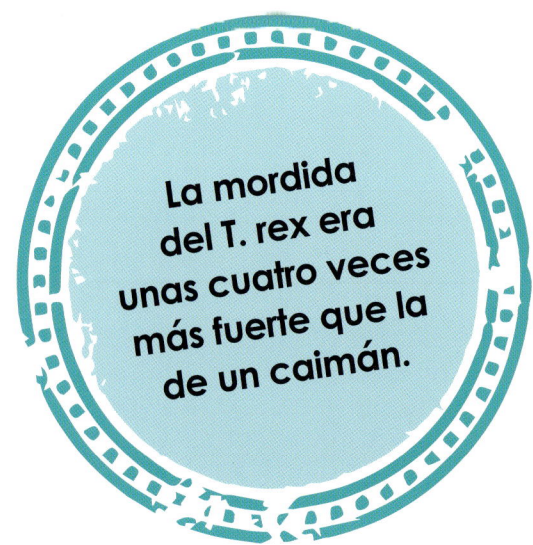

Mandíbula

Con cráneos fósiles, los científicos han descubierto que la apertura mandibular (el máximo que se puede abrir la boca) variaba con la dieta.

Cráneo de Allosaurus

Cráneo de Erlikosaurus

Carnívoros

Los carnívoros como el Allosaurus atrapaban a los animales con la mandíbula. Su apertura mandibular era grande para poder agarrar y morder la carne con facilidad.

Herbívoros

Los herbívoros, como el Erlikosaurus, comían plantas, hojas y todo tipo de vegetación. No necesitaban morder muy fuerte y tenían una apertura mandibular menor.

En equilibrio

El T. rex tenía una larga cola para mantener en equilibrio su enorme cabeza, algo muy importante cuando perseguía a sus presas.

Velocidad

El T. rex debía de ser capaz de alcanzar hasta 17-40 km/h de velocidad.

? ¿Lo sabes?

1. ¿En qué se diferencian las mandíbulas de los dinosaurios carnívoros y de los herbívoros?

2. ¿A qué velocidad podía correr un T. rex?

Respuestas en las páginas 130-131

Visión

Es posible que tuviera mala visión debido al tamaño reducido de sus ojos y su cerebro.

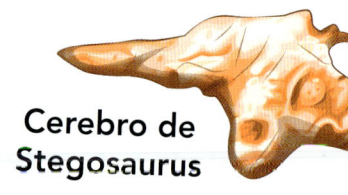

Cerebro de Stegosaurus

Plátano

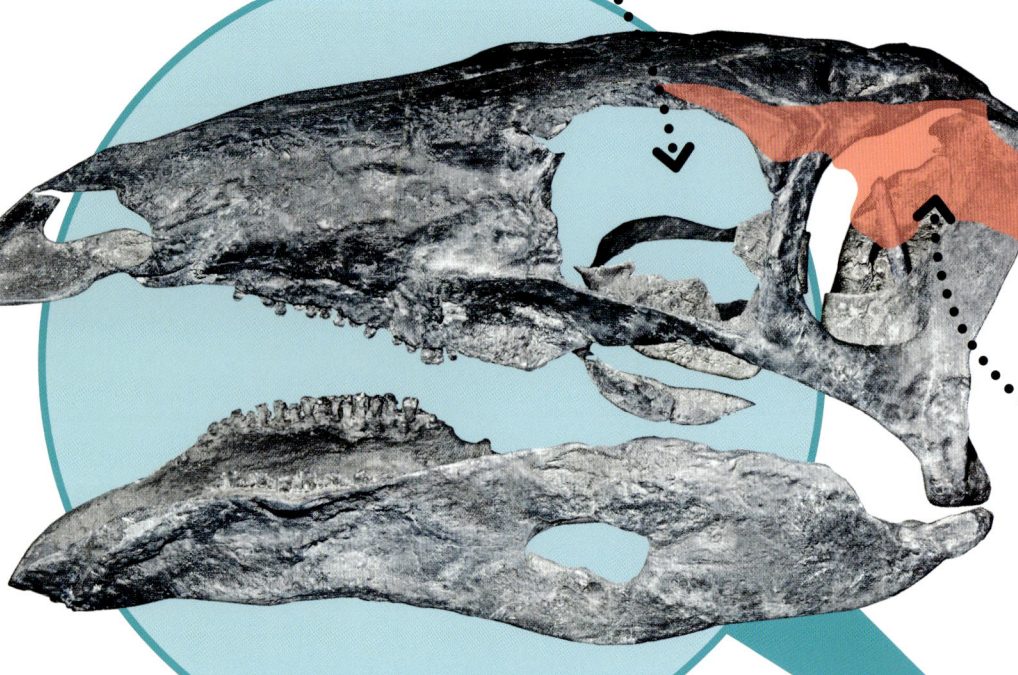

Cerebro

Aquí se alojaba el cerebro del Stegosaurus.

¿Cómo era el cerebro del Stegosaurus?

El Stegosaurus tenía el tamaño de una furgoneta, pero su cerebro no era mayor que el de un perro. Era minúsculo para un dinosaurio de sus dimensiones. ¡Pero el Stegosaurus no era nada tonto! Era un dinosaurio muy eficaz y exitoso.

Cabeza pequeña

Como otros grandes pastoreadores, tenía la cabeza pequeña.

Aplatanado

El cerebro del Stegosaurus tenía forma de plátano.

? **¡Qué imagen!**

¿Qué dinosaurio (imagen) tenía el cuerpo pequeño y el cerebro relativamente grande?

Respuesta en las páginas 130-131

¿Qué tamaño tiene su cerebro?

Avestruz

Los avestruces tienen un cerebro diminuto, de unos 26 g. ¡Más pequeño que uno de sus ojos!

Elefante

El cerebro de un elefante africano pesa unos 5,5 kg. Es unas tres veces más grande que el cerebro humano.

Humano

Los humanos tenemos el cerebro grande en relación con el tamaño del cuerpo. Nuestro cerebro pesa 1,5 kg aproximadamente.

¿Se camuflaban los dinosaurios?

El mundo de los dinosaurios estaba lleno de peligros. Las criaturas pequeñas tenían que buscar la forma de sobrevivir. Corrían, se escondían e incluso se mimetizaban con el entorno para escapar de los depredadores. Estudiando los fósiles, los científicos han descubierto que un dinosaurio llamado Sinosauropteryx utilizaba un método de camuflaje llamado contrasombreado.

Manada de impalas

Lomo oscuro

El Sinosauropteryx tenía plumas oscuras en la parte superior del cuerpo.

Cola de rayas

Este dinosaurio tenía una cola de rayas blancas y marrón anaranjadas. Es posible que la usara para camuflarse.

Sinosauropteryx

Vientre claro

El Sinosauropteryx tenía plumas blancas en el abdomen. A los depredadores les costaba verlo a pleno sol.

Contrasombreado

El sol ilumina la parte superior de un animal y proyecta una sombra en su parte inferior. Los animales que aprovechan el contrasombreado son más oscuros arriba y más claros abajo. Eso compensa las sombras del sol, de modo que el dinosaurio parece de un solo color y le ayuda a mimetizarse en el entorno.

Sombras normales

Contrasombreado

Dinosaurio difícil de ver

? ¿Lo sabes?

1. ¿En qué consiste el contrasombreado?

2. ¿De qué color eran las plumas que cubrían el cuerpo del Anchiornis?

3. ¿Qué dinosaurio usaba el contrasombreado para camuflarse?

Respuestas en las páginas 130-131

Impala

Hay animales actuales, como el impala, que también usan el contrasombreado. La parte superior de su cuerpo es más oscura y la inferior más clara, lo que le ayuda a camuflarse.

¿Sabemos de qué color eran otros dinosaurios?

Anchiornis

Se han hallado colores en fósiles de Anchiornis, un dinosaurio con cuatro alas. A partir de estos fósiles, algunos científicos creen que tenía plumas rojas alrededor de la cabeza, y blancas, negras y grises por el cuerpo.

¿Podían trepar a los árboles?

Los científicos piensan que algunos dinosaurios pequeños con plumas trepaban a los árboles. A los primeros dinosaurios planeadores, como el Yi qi, les resultaba muy útil poder agarrarse a las ramas y a la copa de los árboles. Desde ahí arriba, podían desplazarse por el bosque en busca de presas o escapar del peligro.

Yi qi

Este dinosaurio del tamaño de un cuervo vivió hace unos 160 millones de años. Planeaba entre los árboles gracias a sus alas hechas de piel. El único fósil de Yi qi se encontró en China.

Cuerpo con plumas

El cuerpo del Yi qi estaba cubierto de plumas con una estructura de cepillo, muy distintas a las plumas largas y lustrosas de la mayoría de las aves. Pero los dinosaurios trepadores tenían largas plumas en la cola.

¿Qué otros animales planean?

Ardilla voladora

Las ardillas voladoras usan los colgajos de piel flácida que tienen entre los brazos y las patas a modo de paracaídas para planear entre los árboles.

Dragón volador

Estos pequeños lagartos tienen unas costillas largas con piel entre ellas. La extiende para planear entre los árboles de los bosques donde viven.

? **¿Lo sabes?**

1. ¿Qué tamaño tenía el dinosaurio trepador Yi qi?

2. ¿Qué animales actuales planean como el Yi qi?

3. ¿Dónde se encontró el único fósil de Yi qi?

Respuestas en las páginas 130-131

Alas de piel

El Yi qi tenía las alas hechas de piel, lo que significa que su vuelo debía parecerse más al de un murciélago que al de un pájaro. Las alas tenían garras afiladas.

Pies con garras

El Yi qi tenía cuatro largos dedos con afiladas garras en los pies, que debía usar para trepar a los árboles como una ardilla. También debía usarlos para lanzarse a planear.

¿Cómo duermen los animales modernos?

Cisne

El cisne, para dormir, dobla el cuello y lo esconde debajo de un ala. Puede dormir flotando en el agua o apoyado sobre una sola pata.

Dragón barbudo oriental

Los científicos han descubierto que el dragón barbudo oriental pueden dormir tan profundamente como una persona.

Mei long significa «dragón profundamente dormido» en chino.

Plumas cálidas..........

Las plumas que tenían algunos dinosaurios debían de mantenerlos calientes por la noche. Actuaban a modo de manta.

¿Dormían los dinosaurios?

Sí, igual que tú, los dinosaurios también dormían. Algunos, como Mei long, se enroscaban como una bola, tal como hacen las aves.

Durmiente

En 2004, se encontró el fósil de un pequeño dinosaurio que estaba en una posición parecida a la que adoptan las aves modernas cuando duermen. Le llamaron Mei long.

Mei long

Este dinosaurio debió de morir durante una erupción volcánica. Quedó sepultado bajo una capa de ceniza, que lo transformó en un fósil.

? **¿Cierto o falso?**

1. Los cisnes pueden dormir apoyados en una pata.

2. Mei long significa «lagarto cansado» en Chino.

3. Los científicos hallaron el fósil de Mei long en 2006.

Respuestas en las páginas 130-131

¿Tenían mejor olfato que los perros?

Los perros son los mejores rastreadores, pero el Tyrannosaurus rex podría haber competido con ellos. Los científicos opinan que el «lagarto tirano» era uno de los dinosaurios carnívoros con mejor olfato.

Con su gran olfato el T. rex podía rastrear a sus presas por la noche.

Orificios nasales
Los olores penetraban en sus orificios nasales, donde eran captados por unos receptores.

Tyrannosaurus rex
Algunos científicos piensan que el T. rex usaba su agudo sentido del olfato para encontrar carroña, o animales muertos para comer, así como para rastrear y emboscar a sus presas.

Respuestas en las páginas 130-131

¿Cierto o falso?

1. El bulbo olfativo interviene en la audición.

2. El T. rex debía usar su sentido del olfato para localizar a sus presas.

3. Los sabuesos tienen mejor sentido del olfato que los humanos.

Bulbo olfativo del T. rex, en amarillo.

Cerebro y olfato

Los científicos pueden saber lo grande que era el cerebro del T. rex por el tamaño de su cráneo. Estudiando las aves pueden hacerse una idea asimismo del tamaño de su bulbo olfativo. Es la parte del cerebro que está implicada en el olfato. Los científicos creen que el bulbo olfativo del T. rex era bastante grande, lo que indica que el olfato era su sentido más desarrollado.

Sabueso

Los sabuesos son famosos por rastrear a seres humanos y a otros animales por su olor. Los científicos creen que el sentido del olfato de estos perros es 40 veces más agudo que el nuestro.

¿Cómo crecían?

Al crecer, los dinosaurios pasaban por muchas de las etapas por las que pasan también los humanos, pero iniciaban su vida en un huevo de cáscara dura. Los fósiles que se han hallado en el desierto de Gobi, Asia, muestran cómo cambiaba el Protoceratops con el tiempo.

Huevo

Los fósiles muestran que el Protoceratops pasaba 83 días (casi tres meses) creciendo en el huevo. Los huevos de dinosaurio tenían una cáscara exterior dura, como los huevos de las aves.

Cría

Al nacer, el Protoceratops medía alrededor de 10-15 cm de largo. Para romper la cáscara del huevo, parece que usaba un diente de huevo que tenía en el pico, como algunas aves y reptiles actuales.

Saber la edad

Los huesos de un dinosaurio crecían de un modo parecido a como lo hacen los árboles: generando anillos. Cada año se añadía una capa de hueso, así que los científicos pueden saber la edad que tenía un dinosaurio al morir contando los anillos.

Cada año le crece otro anillo.

Los científicos cuentan las capas que tiene el hueso para saber su edad.

Corte transversal del tronco de un árbol

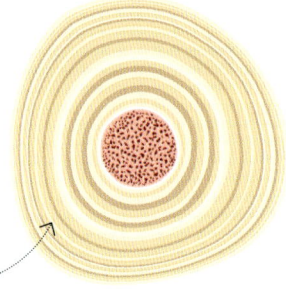

Corte transversal del hueso de un dinosaurio

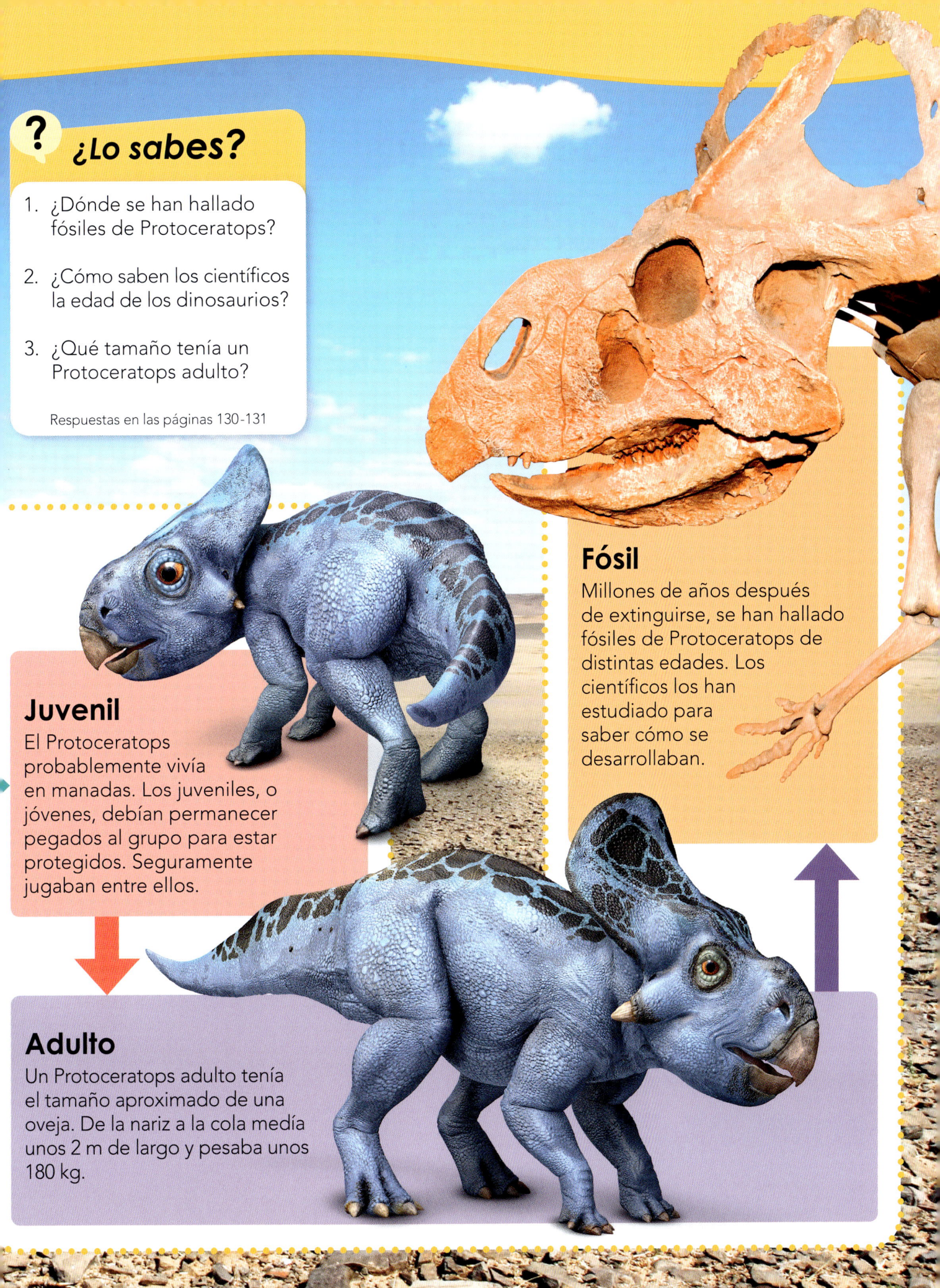

? ¿Lo sabes?

1. ¿Dónde se han hallado fósiles de Protoceratops?

2. ¿Cómo saben los científicos la edad de los dinosaurios?

3. ¿Qué tamaño tenía un Protoceratops adulto?

Respuestas en las páginas 130-131

Fósil

Millones de años después de extinguirse, se han hallado fósiles de Protoceratops de distintas edades. Los científicos los han estudiado para saber cómo se desarrollaban.

Juvenil

El Protoceratops probablemente vivía en manadas. Los juveniles, o jóvenes, debían permanecer pegados al grupo para estar protegidos. Seguramente jugaban entre ellos.

Adulto

Un Protoceratops adulto tenía el tamaño aproximado de una oveja. De la nariz a la cola medía unos 2 m de largo y pesaba unos 180 kg.

¿Qué dinosaurio era el más letal?

Con sus poderosas mandíbulas, sus afiladas garras y su veloz cuerpo, los terópodos eran unos de los más letales. Algunos terópodos cazaban en grupo, mientras que otros podían hacerse con grandes presas ellos solos.

Limaysaurus

El Allosaurus era el primo mayor del temible Tyrannosaurus rex.

¿Cómo mataban a sus presas los terópodos?

Deinonychus

El Deinonychus superaba a su presa cazando en grupo. Usaba las garras curvas de los dedos de sus pies a modo de arpones, sujetando a la presa mientras esta intentaba zafarse.

Allosaurus

Este terópodo tenía unos brazos largos y fuertes que usaba para atrapar y aniquilar a grandes presas. Era tan fuerte que podía hacerlo solo.

Giganotosaurus

Dientes

Los grandes dientes del terópodo eran afilados como cuchillos y debían de permitirle cortar la carne de los dinosaurios a tiras.

Garras

Los terópodos tenían los dedos equipados con dos, tres o cuatro garras afiladas y también tenían garras en los dedos de los pies.

? ¿Lo sabes?

1. ¿Qué dinosaurio tenía las garras más largas?

2. ¿Qué dinosaurio tenía más dientes?

3. ¿Qué dinosaurio es el primo mayor del T. rex?

Respuestas en las páginas 130-131

El fin de los dinosaurios

Hace unos 66 millones de años, un enorme meteorito chocó con la Tierra y provocó la aniquilación de los dinosaurios. El impacto del asteroide destruyó dos terceras partes de las especies de la Tierra.

¿Qué les pasó a los dinosaurios?

Los dinosaurios se extinguieron hace 66 millones de años, cuando un enorme meteorito chocó con la Tierra, ya que no pudieron sobrevivir a los cambios que ello provocó.

El 75 por ciento de las especies de la Tierra desapareció a la vez que los dinosaurios.

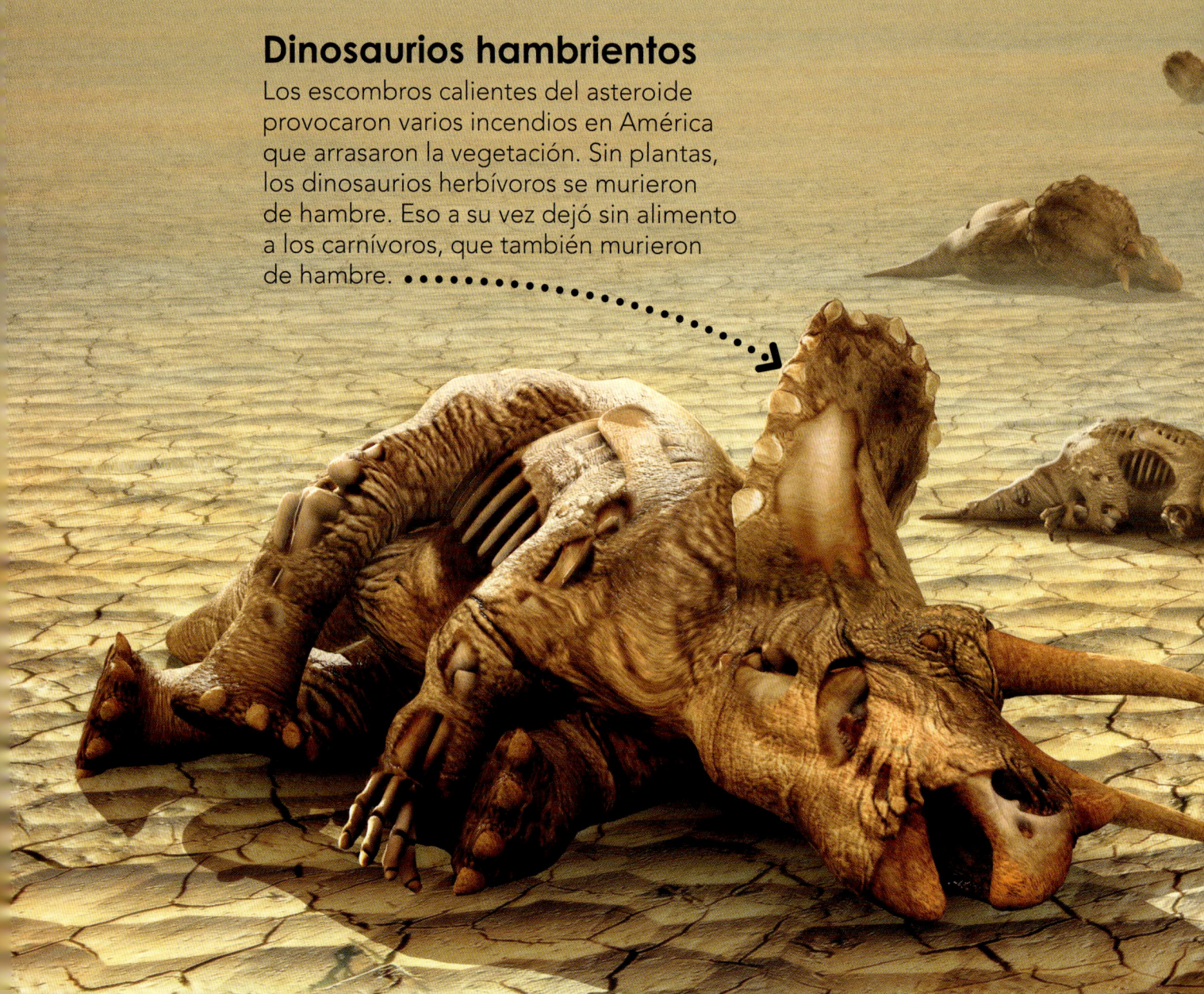

Dinosaurios hambrientos

Los escombros calientes del asteroide provocaron varios incendios en América que arrasaron la vegetación. Sin plantas, los dinosaurios herbívoros se murieron de hambre. Eso a su vez dejó sin alimento a los carnívoros, que también murieron de hambre.

Cielo polvoriento

Cuando el meteorito alcanzó el suelo, se formaron enormes nubes de polvo. Muchas especies vegetales y animales sufrieron con la falta de sol.

? ¿Lo sabes?

1. ¿Cuándo se extinguieron los dinosaurios?

2. ¿Qué porcentaje de especies sobrevivieron?

3. ¿Por qué se murieron de hambre los dinosaurios carnívoros?

Respuestas en las páginas 130-131

Desierto yermo

El polvo caído del cielo bloqueó la luz del sol, necesaria para que las plantas crecieran, y así el suelo se convirtió en un desierto.

¿Cómo se extinguieron los dinosaurios?

Meteorito

Muchos científicos creen que un meteorito (una roca gigante caída del espacio) chocó con la Tierra y acabó con los dinosaurios. Creen que chocó a una velocidad de unos 100 000 km/h.

Tsunami

El meteorito que chocó con la Tierra debió de provocar un tsunami (una ola gigante) que habría destruido los hábitats de los dinosaurios y habría contribuido a su extinción.

¿Fue a causa de los volcanes?

Los científicos no se ponen de acuerdo sobre si los dinosaurios se extinguieron hace 66 millones de años a causa de un asteroide gigante que cayó en la península de Yucatán, en México, o como consecuencia de una gran erupción volcánica. La mayoría se decantan por la hipótesis del asteroide, pero hay indicios de que la actividad volcánica también influyó.

Temperatura

Los gases de la erupción podrían haber desencadenado el cambio climático que calentó y enfrió la Tierra, algo nefasto para la vida.

¿Cuál es el volcán activo más grande?

El volcán activo más grande es el Mauna Loa, en Hawái. Mide más de 4170 m de alto. Desde 1843, el Mauna Loa ha entrado en erupción 33 veces, la más reciente de ellas en 1984.

Traps del Decán

Las Traps del Decán son una gran área volcánica en que hubo erupciones masivas al final de la era de los dinosaurios. Está en la India, pero el mundo era muy distinto.

Las Traps del Decán

Ceniza y polvo

Una erupción volcánica masiva diseminó gases tóxicos por el cielo y sepultó superficies enormes bajo ceniza y lava.

Lava

Las erupciones volcánicas gigantes hacen que la lava se desplace hasta más de 480 km del volcán.

? ¿Lo sabes?

1. ¿En qué lugar se estrelló el asteroide gigante?

2. ¿A qué temperatura está la lava?

3. ¿Qué pudo haber causado el cambio climático que siguió a la extinción masiva?

Respuestas en las páginas 130-131

¿Qué animales sobrevivieron?

La extinción masiva que aniquiló a los dinosaurios también acabó con más del 70 por ciento de las especies del planeta. Pero la vida siguió adelante. Muchos animales sobrevivieron a los desastres del período Cretácico y hoy en día todavía podemos ver a sus parientes.

Tuátara

Rana verde de ojos rojos

Reptiles

Reptiles como los tuátaras lograron sobrevivir a la extinción, pero otras especies de reptiles no lo consiguieron.

¿Lo sabes?

1. ¿Cuántas especies de aves existen en la actualidad?

2. ¿Existieron los mamíferos a la vez que los dinosaurios?

3. ¿Algún dinosaurio pudo sobrevivir a la extinción?

Respuestas en las páginas 130-131

Anfibios

Algunos anfibios como las ranas, que vivían tanto en el agua como en tierra firme, sobrevivieron a la extinción. Su pequeño tamaño les permitía ocultarse de los depredadores.

Aves

Ningún pterosaurio sobrevivió a la extinción, pero algunas especies de aves sí lo hicieron. Estos descendientes de los dinosaurios se convirtieron en los nuevos amos de los cielos.

Ibis escarlata

Mamíferos

Durante millones de años los mamíferos vivieron a la sombra de los dinosaurios. Muchos salían solo de noche. Cuando los dinosaurios se extinguieron, evolucionaron y ocuparon su lugar.

Zarigüeya

¿Qué animales progresaron tras la extinción?

Coryphodon

Una vez extinguidos los dinosaurios, mamíferos como el Coryphodon prosperaron y aumentaron de tamaño.

Creodonto

Mamíferos como el Creodonto subieron en la cadena trófica y se convirtieron en temibles depredadores.

Tiburón de Groenlandia

Peces

Los Plesiosaurios y los Mosasaurios, que vivían en el mar, desaparecieron con los dinosaurios, pero los peces que vivían a una gran profundidad sobrevivieron.

Triceratops

Este herbívoro vivía en Norteamérica, cerca de donde cayó el meteorito. Los dinosaurios que vivían cerca del lugar fueron los primeros en verse afectados. Las nubes de polvo originadas por el meteorito bloquearon el sol impidiendo que las plantas crecieran, lo que a su vez hizo que los herbívoros como el Triceratops murieran de hambre por falta de alimento.

T. rex

Ni siquiera este depredador pudo sobrevivir a los efectos del meteorito. Los carnívoros como el T. rex vieron cómo desaparecía su fuente de alimento al extinguirse los herbívoros como el Triceratops.

¿Qué dinosaurios se extinguieron?

Cuando el meteorito se estrelló en lo que actualmente conocemos como México, aniquiló más de la mitad de la vida en la Tierra. Algunos de los dinosaurios más conocidos estaban vivos cuando se produjo el impacto a finales del período Cretácico, entre ellos el T. rex y el Triceratops.

? ¿Cierto o falso?

1. El Therizinosaurus se extinguió antes que el Triceratops.

2. El Brachiosaurus ya se había extinguido cuando cayó el meteorito.

3. El meteorito cayó en Mongolia.

Respuestas en las páginas 130-131

Therizinosaurus

Este dinosaurio fue uno de los más grandes y de los últimos que habitó la Tierra. Vivía lejos de donde chocó el meteorito, en lo que hoy es Mongolia. Los dinosaurios que vivían lejos debieron tardar más en extinguirse, pero al final también acabaron por desaparecer.

Algunos científicos creen que los dinosaurios ya se estaban extinguiendo al final del período Cretácico.

¿Habían desaparecido dinosaurios antes de la extinción?

Brachiosaurus

Este imponente dinosaurio, muy apreciado por muchos, existió hace entre 156 y 145 millones de años, durante el Jurásico superior. Se extinguió mucho antes de que el meteorito chocara hace 66 millones de años.

Stegosaurus

El Stegosaurus vivió hace 156-151 millones de años, en el Jurásico superior. ¡De hecho, tú estás más cerca temporalmente del T. rex, que vivió hace 67-66 millones de años, que el T. rex del Stegosaurus!

¿Podrías tener uno como mascota?

Si tienes un pájaro como mascota ¡ya tienes uno! Entre los extintos, el Psittacosaurus, del tamaño de un perro, podría haber sido una buena mascota. Era herbívoro, así que no te habría comido. ¡Pero además era muy listo!

? ¿Cierto o falso?

1. El Psittacosaurus era carnívoro.

2. El Psittacosaurus tenía plumas.

3. Muchos dinosaurios se extinguieron debido a la actividad humana.

Respuestas en las páginas 130-131

¿Podrían sobrevivir en el mundo moderno?

Alimentación

Deberíamos darle una alimentación variada, como hacemos con los perros y los gatos. Si fuera herbívoro podríamos darle hojas y frutos, pero si fuera carnívoro necesitaría mucha carne.

Entorno

La naturaleza está amenazada por la pérdida de hábitats causada por el ser humano y por la contaminación. Si los dinosaurios existieran aún, tendrían los mismos problemas que la fauna actual y muchos estarían al borde de la extinción.

Pico grande

El Psittacosaurus tenía un gran pico que usaba para cascar frutos secos y comer plantas de tallo grueso. También se tragaba piedras que le ayudaban a digerir, o descomponer, los alimentos duros.

Con correa

Parece que el Psittacosaurus era bastante rápido. ¡Si lo sacaras a pasear tendrías que sujetar la correa con bastante fuerza!

Psittacosaurus

El nombre de este dinosaurio significa «lagarto loro». Tenía pico, plumas y un cerebro grande, así que debía de ser bastante listo, como un perro.

Descubrir dinosaurios

Hay aún innumerables especies de dinosaurio que están sepultadas por todo el mundo esperando a que los científicos las descubran. Con la ayuda de nuevas herramientas de alta tecnología, cada vez se saben más cosas sobre estas temibles bestias que tiempo atrás dominaron el mundo.

¿Qué es un fósil?

Los fósiles son vestigios o restos de cosas que llevan muertas millones de años. Hay fósiles de todo tipo de formas de vida, desde espectaculares esqueletos de Stegosaurus hasta minúsculos Amonites. Los fósiles nos ayudan a comprender cómo ha evolucionado la vida en el planeta a lo largo de millones de años.

El ámbar no procede de la savia del árbol, sino de su pegajosa resina, que con el tiempo se vuelve sólida.

Fósil de caparazón primitivo

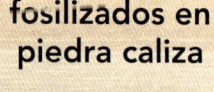

Amonites fosilizados en piedra caliza

Molde fósil

Se forma cuando un animal o planta muere y se cubre de barro, arena y sedimentos. Con el tiempo, estas sustancias se endurecen. Cuando el cuerpo o la planta se pudre, deja una impronta.

Fósil fundido

Es como la otra mitad de un molde fósil. Se forma cuando el agua y los minerales se filtran en un molde fósil y se solidifican, creando una forma tridimensional que coincide con la de la planta o animal muerto.

¿Cuál fue el primer fósil que se encontró?

Esta mandíbula de Megalosaurus fue el primer fósil de dinosaurio al que se puso nombre. William Buckland escribió sobre ella en 1824. Más tarde Richard Owen acuñó el término «dinosauria».

? ¿Lo sabes?

1. ¿El ámbar fósil procede de la savia del árbol?

2. ¿Cuántos años tienen los fósiles más antiguos?

3. ¿Qué son los icnofósiles o pistas fósiles?

Respuestas en las páginas 130-131

Cráneo de dinosaurio

Escorpión conservado en ámbar

Huella de dinosaurio

Fósil por reemplazamiento

Estos fósiles se forman cuando los minerales reemplazan las partes duras originales de la planta o el animal muerto, incluidos huesos, conchas y hojas.

Cuerpos conservados

No son fósiles, sino el cuerpo inalterado de un animal conservado en hielo o ámbar, por ejemplo los mamuts congelados y los insectos atrapados en ámbar.

Icnofósil

A veces la única evidencia de la existencia de algo son las pistas que deja, como una huella, la marca de un arañazo o incluso las heces. Estas pistas fósiles nos muestran lo que comían los dinosaurios, dónde vivían y cómo se movían.

¿Cómo se forma un fósil?

Los fósiles se forman cuando un ser vivo, como un dinosaurio, muere y sus restos quedan sepultados. Tras millones de años, las partes duras de su cuerpo, como los huesos, y a veces también las partes blandas, se convierten en roca.

Sabemos que los dinosaurios existieron gracias a los restos fósiles.

Un Parasaurolophus murió y fue a parar al fondo del lago.

Las partes blandas del cuerpo se pudrieron y solo quedó el esqueleto.

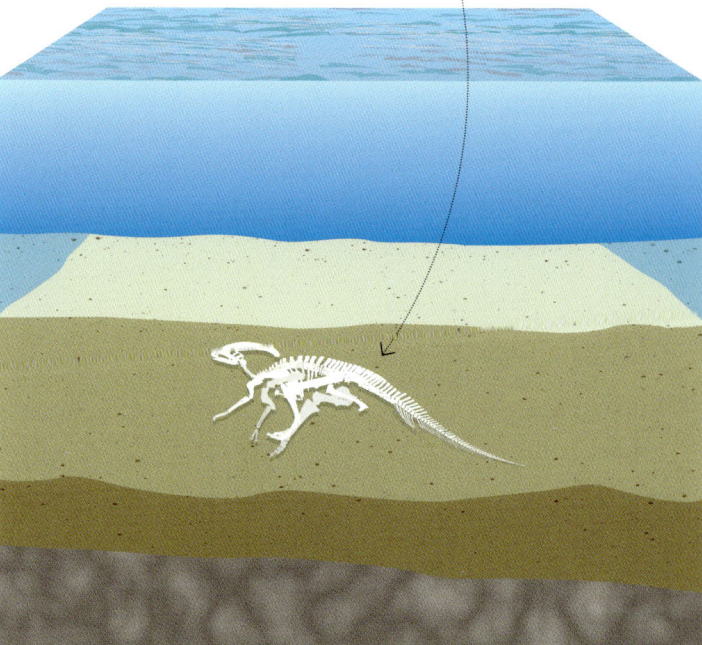

Muerte

Muchos de los fósiles mejor conservados proceden de dinosaurios que murieron en un lago, como este Parasaurolophus. Su cuerpo iba a parar al fondo, donde los depredadores que podrían haber dado buena cuenta de ellos no tenían acceso.

Descomposición

A medida que el Parasaurolophus se descomponía, o pudría, la carne se iba desprendiendo del cuerpo. Con el tiempo, tan solo quedaban los huesos. Luego se cubrían de sedimento, trozos diminutos de roca y material vegetal y animal que acababan en el lecho del lago.

? ¿Lo sabes?

1. ¿Cómo se convierten los huesos en roca?
   a) Los minerales se filtran en ellos.
   b) La lava los reemplaza.
   c) Escuchan demasiado rock.

2. ¿Cuántos millones de años tiene el fósil de dinosaurio más antiguo?
   a) 3500
   b) 231
   c) 66

Respuestas en las páginas 130-131

¿Cuál es el fósil mejor conservado?

Uno de los fósiles mejor conservados es el de un nodosaurio de 110 millones de años que está en el Museo Tyrrell, en Canadá. ¡Está tan bien conservado que parece que todavía está vivo y listo para la batalla! Gracias a que quedó rápidamente sepultado bajo el mar, todavía podemos ver los detalles de las espinas y la piel de la coraza de este dinosaurio herbívoro.

Se fueron acumulando capas y más capas de sedimento, que cubrieron, conservaron y endurecieron los huesos.

Cuando las capas de roca se erosionan, el esqueleto fósil sale a la superficie.

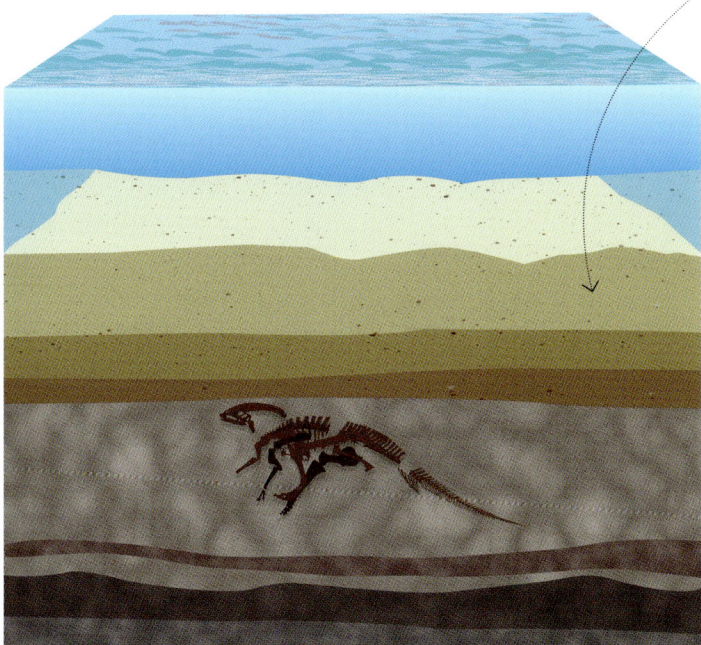

Sedimentación

Durante millones de años, se fueron amontonando capas de sedimento sobre el esqueleto. Las capas nuevas comprimían las inferiores, que poco a poco se convertían en roca. En los huesos del dinosaurio se filtraban minerales, que también se transformaban en roca.

Descubrimiento

El movimiento de la corteza de la Tierra hizo que poco a poco el lecho del lago acabara sobre el nivel del mar. Las capas de roca del suelo se van erosionando y dejan a la vista los fósiles. Los buscadores de fósiles extraen los huesos de la roca, para que otros puedan verlos y estudiarlos.

¿Podría encontrar un fósil en el jardín?

Hay restos fosilizados de criaturas que vivieron hace millones de año escondidos por todo el mundo. ¡Puedes encontrarlos en playas, canteras y quizá incluso en tu jardín! Solo hay una forma de averiguarlo...

Formación rocosa

Se han hallado restos de animales acuáticos que vivían en el mar diseminados por varias rocas de Utah, Estados Unidos.

Pez prehistórico

Amonite

Jardín

Mientras limpiaba su jardín en Somerset, Reino Unido, una mujer se encontró un amonite fosilizado de 65 millones de años.

¿Algún niño ha encontrado un fósil?

En 2004 Diego Suárez, un niño de siete años chileno, vio los huesos de un extraño dinosaurio con pico mientras recorría la cordillera de los Andes con sus padres. Los científicos llamaron al nuevo dinosaurio Chilesaurus diegosuarezi. Se desconoce el árbol genealógico del dinosaurio descubierto por Diego, pero los científicos creen que solo comía plantas.

? ¿Lo sabes?

1. ¿Qué es un amonite?

2. ¿Qué dinosaurio descubrió Diego Suárez?

3. ¿Qué año se encontró el fósil de un Nodosaurio en Canadá?

Respuestas en las páginas 130-131

Nodosaurio

Cantera

Un minero descubrió el fósil completo de un Nodosaurio, un dinosaurio con coraza, mientras excavaba en una mina de Alberta, Canadá, en 2011.

Ictiosaurio

Playa

Los acantilados de la playa de Charmouth en la costa jurásica del Reino Unido están repletos de fósiles de animales marinos.

¿Dónde se han hallado fósiles?

Se han hallado restos fosilizados de dinosaurio en todos los continentes. También hay fósiles de otros animales, incluso de humanos primitivos, por todo el globo.

Estados Unidos

En Dakota del Sur está la Formación Hell Creek, donde se han hallado montones de fósiles, incluido un cráneo de Triceratops de 66 millones de años.

Argentina

En el sur de Argentina se han encontrado fósiles de Titanosaurio, las criaturas más grandes que han deambulado por el planeta.

Fósil de Cryolophosaurus

Antártida

Durante el jurásico la Antártida era un lugar verde y rebosante de vida por el que vagaba el Cryolophosaurus.

Alemania

El famoso fósil de Archaeopteryx, un dinosaurio con plumas, fue hallado en Alemania.

Huevos fósiles de Oviraptorosaurio

China

En 1992, un granjero encontró cuatro huevos de Oviraptorosaurio en Nanyang, China. La especie se llamó Beibeilong sinensis, que significa «bebé dragón de China».

Fósil de Richmond pliosaur

Australia

Hay restos de reptiles marinos del primitivo mar de Eromanga, como el Ictiosaurio y el Plesiosaurio, por todo el continente.

Fósil de humano primitivo

Sudáfrica

En la zona conocida como la Cuna de la Humanidad, en Sudáfrica, se han hallado los fósiles humanos más antiguos. En 1947, se descubrió un cráneo de 2,3 millones de años.

? ¿Lo sabes?

1. ¿Se han hallado fósiles de dinosaurio en la Antártida?

2. ¿Dónde se han encontrado los fósiles humanos más antiguos?

3. ¿Qué significa Beibeilong sinensis?

Respuestas en las páginas 130-131

¿Qué es un paleontólogo?

Los paleontólogos son científicos que estudian los dinosaurios, la vida prehistórica y los restos fosilizados. Estudian los fósiles para descubrir todo lo que pueden sobre el mundo antiguo y los seres que vivían en él hace millones y millones de años.

? ¿Lo sabes?

1. ¿Qué herramientas utilizan los paleontólogos?

2. ¿Cuánto se tarda en desenterrar el esqueleto de un dinosaurio?

3. ¿Qué hallazgo fósil hizo famosa a Mary Anning?

Respuestas en las páginas 130-131

Yacimiento

Para desenterrar los fósiles hacen falta muchos paleontólogos. Las excavaciones requieren equipo especializado y pueden durar varios meses.

Herramientas

Los paleontólogos necesitan muchas herramientas. Usan martillos de piedra y cinceles para extraer los fósiles del lecho rocoso, y pinceles para retirar el polvo y la suciedad.

Mascarilla

Cinceles, martillo y pinceles

Herramientas de paleontólogo

¿Hay algún paleontólogo famoso?

Mary Anning

Mary Anning, una de las primeras buscadoras de fósiles, descubrió al famoso Plesiosaurio cuellilargo.

Georges Cuvier

Este científico francés demostró que las especies pueden extinguirse y que los pterosaurios eran reptiles voladores.

Jack Horner

Jack Horner descubrió el Maiasaura. Se hizo famoso por «devolver a la vida» a los dinosaurios en la película *Jurassic Park*.

Trabajando

Los paleontólogos retiran la roca y el barro de cada uno de los fósiles. Tienen que trabajar muy despacio y con mucho cuidado.

Extracción

Utilizando una serie de herramientas, desde grandes taladros eléctricos hasta diminutos palillos interdentales, los científicos extraen los huesos del suelo. Excavan una zanja alrededor de los huesos y luego los cubren de yeso para protegerlos.

Traslado

Los paleontólogos tienen que trasladar con cuidado los huesos para que los especialistas puedan trabajar con ellos en un laboratorio. A veces usan cuerdas y grúas.

¿Es complicado reconstruir un dinosaurio?

¿Te has preguntado cómo acaban expuestos los huesos de dinosaurio en un museo? Los paleontólogos pueden tardar años en reconstruir un dinosaurio hueso a hueso.

Limpieza

Los paleontólogos limpian los fósiles con palillos, pinceles y unas máquinas especiales que son como martillos neumáticos en miniatura.

¿Qué valor tienen los fósiles?

Giraffatitan

Este dinosaurio gigante no tiene precio, pero al Museo de Historia Natural de Berlín, en Alemania, restaurar este y los otros fósiles que lo rodean le costó 18 millones de euros en 2007.

Se tardó siete años en preparar el fósil de Apatosaurus del Museo de Historia Natural de Nueva York.

Exposición

Una vez listos, los fósiles pueden exhibirse en un museo. A veces se colocan para mostrar el aspecto que debían tener en una situación real; por ejemplo, al atacar a una presa.

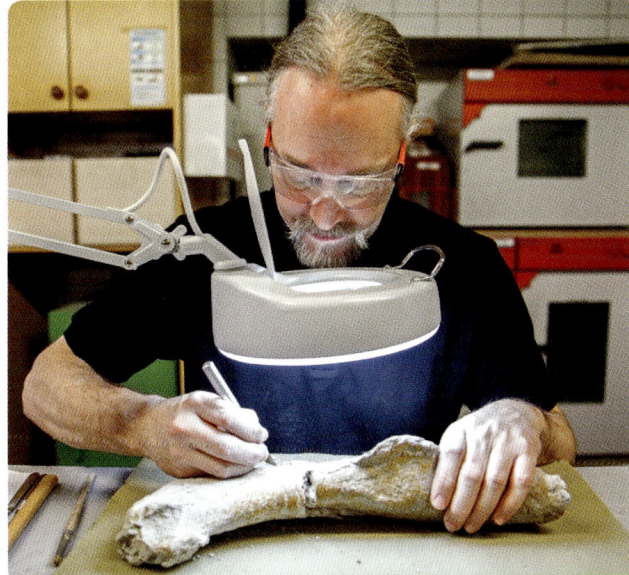

Restauración

Para restaurar y fortalecer los huesos se usa una cola o solución especial. También se esculpen las piezas que faltan con masilla o arcilla, o se crean con una impresora 3D.

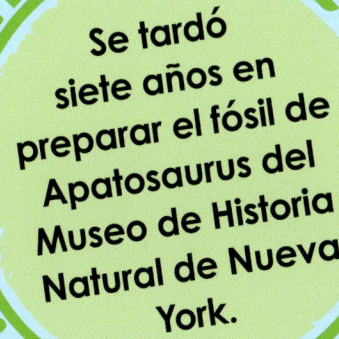

? ¿Lo sabes?

1. ¿Qué herramientas se usan para limpiar los fósiles?

2. ¿Con qué se cubren los fósiles para protegerlos?

3. ¿Cuántos esqueletos de dinosaurio en buen estado se han encontrado?

Respuestas en las páginas 130-131

¿Dejaron huellas los dinosaurios?

En su deambular por el mundo mesozoico, los dinosaurios dejaron varias huellas fosilizadas. Dichos fósiles nos dicen si el dinosaurio era grande o pequeño, rápido o lento, y si se desplazaba en manada o en solitario.

Manada

Si se encuentran muchas huellas parecidas juntas corresponden a un grupo que iba en manada.

Huellas de dinosaurio

Los paleontólogos estudian detenidamente las huellas. Pueden averiguar qué tipo de dinosaurio las dejó observando los dedos y la separación entre pisadas. Estas probablemente son de terópodo.

¿Cuál es la huella de dinosaurio más grande?

La huella de dinosaurio más grande que se conoce mide 1,7 m de largo, tanto como una nevera de alto. Pertenece a un saurópodo gigante que vagaba por lo que hoy conocemos como Australia hace unos 130 millones de años.

Distancia

La distancia entre dos huellas puede mostrar cómo andaba un dinosaurio y, a veces, lo rápido que se desplazaba.

Tipos de huellas

Los ornitópodos tenían tres dedos sobre los que apoyaban buena parte del peso al andar y dejaban una huella en forma de U.

Los saurópodos apoyaban mucho peso sobre los pies, por lo que dejaban pisadas profundas que parecían grandes manchas.

Los terópodos tenían tres dedos largos y delgados con garras afiladas. Dejaban una huella en forma de V.

¿Hay dinosaurios que son aves?

¡Sí! Son parientes cercanos de los terópodos, el grupo del Deinonychus, el Velociraptor y el Microraptor. Aparecieron en el Jurásico y son los únicos que sobrevivieron a la extinción masiva de hace 66 millones de años.

Los científicos estudian las aves para intentar averiguar cómo se comportaban los dinosaurios.

Huesos huecos

Las aves modernas tienen los huesos huecos, así que son ligeras para poder volar. Los terópodos, como el Deinonychus, también tenían los huesos huecos.

Hueso hueco de ave

Microraptor

Los Microraptors eran dinosaurios voladores no aviares. Tenían cuatro alas, el segundo par en las patas.

Deinonychus

Este feroz terópodo con plumas fue uno de los dinosaurios que llevaron a los científicos a sugerir el vínculo con las aves.

El Deinonychus tenía plumas pero no volaba.

? ¿Lo sabes?

1. ¿Ponían huevos?

2. ¿Cuántas alas tenía el Microraptor?

3. ¿Solo los dinosaurios con alas tenían pico?

Respuestas en las páginas 130-131

Aves modernas

Tras la extinción de hace 66 millones de años, las aves se hicieron con el control del cielo y evolucionaron en las numerosas especies que conocemos hoy.

Gracias a sus fuertes plumas de vuelo, las aves modernas pueden surcar el cielo sin problemas.

Guacamayo

El Confuciusornis tenía unas plumas de vuelo más largas que las aves anteriores.

Parece que el Microraptor podía hacer vuelos cortos.

Confuciusornis

Esta ave primitiva del tamño de un cuervo vivió en China hace unos 130-120 millones de años.

¿Tenían pico?

Ichthyornis

Esta ave marina de hace 90 millones de años tenía el tamaño aproximado de una gaviota. Tenía pico con afilados dientes de dinosaurio, que usaba para atrapar pececillos resbaladizos.

Psittacosaurus

Este dinosaurio cuadrúpedo, conocido como «lagarto loro», tenía un pico de pájaro que usaba para cortar y triturar plantas gruesas. Sin embargo, no era un ave.

¿Qué nos dicen sus heces?

No solo algunas partes del cuerpo de los dinosaurios pueden convertirse en fósil. ¡También sus heces! Estos fósiles se llaman coprolitos y nos proporcionan información sobre lo que comían. Se han encontrado todo tipo de cosas en los coprolitos, como corteza de árbol, semillas, trozos de hueso y caparazones.

Coprolito

Los coprolitos se forman como el resto de los fósiles. Las heces recién producidas quedan sepultadas y con el paso de millones de años se transforman en minerales sólidos.

Plantas

Si los científicos encuentran corteza de árbol, semillas o polen en un coprolito, es que el dinosaurio era herbívoro o incluía las plantas en su dieta.

Huesos

Los coprolitos de los carnívoros contienen fragmentos de hueso. En algunos fragmentos se ven marcas de dientes.

¿Se encuentran coprolitos en el mar?

Ictiosaurio

A los ictiosaurios les gustaba zamparse unas criaturas llamadas belemnites. Lo sabemos porque se encontró un coprolito de ictiosaurio que contenía más de 200 caparazones de belemnite.

Tortuga marina

Estas heces son de una tortuga marina del Cretácico y contienen unos moluscos de fina concha. Los tiburones prehistóricos dejaron unos coprolitos en forma de espiral.

¡El coprolito más grande hallado mide 44 cm de largo! Tiene fragmentos de hueso y probablemente es de un T. rex.

Parásitos

Los dinosaurios también tenían que lidiar con los parásitos, pequeños animales que viven en el interior de los seres vivos. Los científicos han hallado huevos de tenia dentro de los coprolitos.

? ¿Lo sabes?

1. ¿Qué otro nombre se les da a las heces fosilizadas?

2. ¿Qué dinosaurio se cree que es el responsable del coprolito más grande que se conoce?

3. ¿Cuántos coprolitos incluye la colección más grande de coprolitos?

Respuestas en las páginas 130-131

¿Se siguen descubriendo nuevas cosas?

Cada diez días, aproximadamente, se descubre una nueva especie. Se utilizan instrumentos especiales, como escáneres y cámaras ultravioletas, para obtener el máximo de información de los fósiles de dinosaurio.

Con el láser pueden verse rasgos ocultos y a veces los colores originales de los fósiles.

Escaneo 3D

Los investigadores utilizan unos escáneres portátiles para crear maquetas de los fósiles por ordenador, como este cráneo de Triceratops. Luego estudian las maquetas y pueden compartirlas con científicos de todo el mundo.

El cráneo de Triceratops en 3D puede observarse desde todos los ángulos con solo girarlo en la pantalla.

Escáner IRM

El escáner IRM utiliza ondas de radio para ver en el interior de un objeto. Identifica sustancias del cuerpo de los dinosaurios.

La pantalla muestra el escáner IRM del cráneo fosilizado de un terópodo llamado Arcovenator.

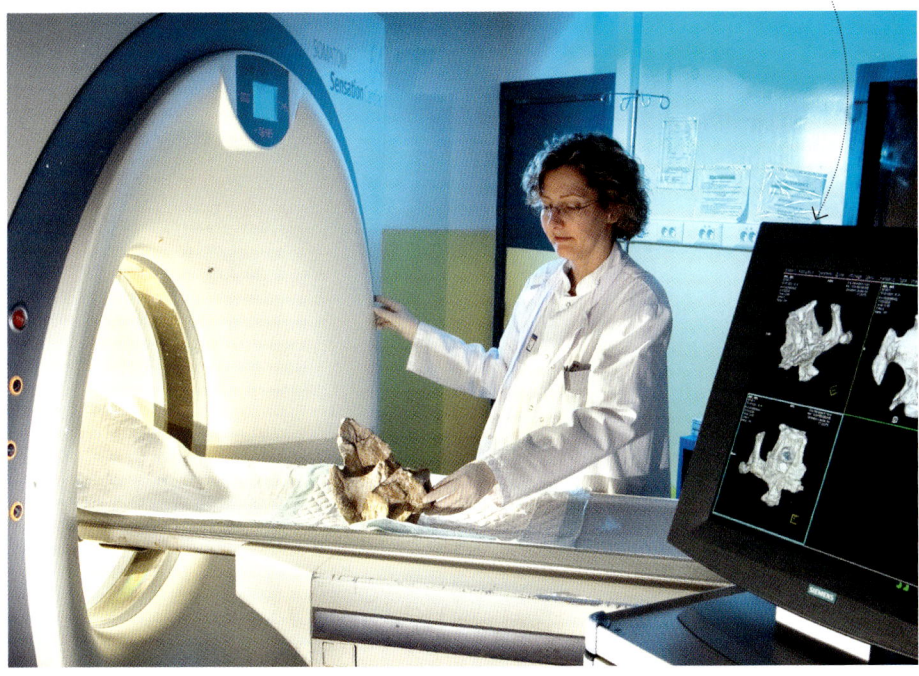

Luz ultravioleta

La luz ultravioleta muestra restos de coloración de los fósiles, lo que nos da una idea del aspecto que tenían los animales.

Estos fósiles de caparazones marinos brillan con la luz ultravioleta y muestran dibujos.

¿Qué dinosaurios se han descubierto recientemente?

Dracorex hogwartsia

El «dragón rey de Hogwarts» debe su nombre a los admiradores de *Harry Potter*. Sus fósiles se hallaron en Dakota del Sur.

Mierasaurus

Es posible que este saurópodo de Norteamérica tuviera ancestros europeos que cruzaron un puente terrestre que antiguamente conectaba los continentes.

? ¿Cierto o falso?

1. Se descubre una nueva especie cada año.

2. El escaneo 3D de fósiles permite descubrir más cosas sobre los dinosaurios.

3. El Mierasaurus vivía en Australia.

Respuestas en las páginas 130-131

Respuestas

Página 9 1) Tienen las patas justo debajo del cuerpo, y ponen y nacen de huevos. 2) Richard Owen. 3) Significa «rey de los lagartos tiranos».

Página 11 1) Un asteroide que chocó con la Tierra. 2) Cuatro. 3) Un dinosaurio llamado Nyasasaurus parringtoni.

Página 12 1) Sí, con el tiempo se unieron formando un nuevo supercontinente. 2) Pangea. 3) El período Cretácico.

Página 14 1) Sí. 2) No, el suelo se ha desplazado y las temperaturas han cambiado. 3) No, migraban en busca de comida.

Página 16 Saurópodos.

Página 19 1) Falso. Los dinosaurios existieron mucho antes que los humanos. 2) Verdadero. 3) Verdadero.

Página 21 1) Piñones. 2) Hace 145-66 millones de años. 3) Contenía menos oxígeno y más dióxido de carbono.

Página 23 1) El monstruo del lago Ness. 2) 5 toneladas. 3) 76.

Página 25 1) Hojas puntiagudas. 2) Hace 360 millones de años. 3) «Fósiles vivientes».

Página 29 1) La misma longitud que dos autobuses escolares. 2) Para excavar en busca de insectos, para sujetar a sus presas y para defenderse de sus enemigos. 3) Más grandes.

Página 31 1) Hace unos 150 millones de años. 2) Para mantenerse calientes.

Página 32 1) Falso. Tenían el tamaño de un pájaro. 2) Verdadero. 3) Verdadero.

Página 34 1) Cuatro cámaras. 2) Sí. En 2015, los investigadores encontraron restos de glóbulos rojos dentro de un fósil de dinosaurio. 3) 35,7 °C.

Página 37 1) Un segundo grupo de costillas situadas en el vientre del dinosaurio que debían de ayudarle con la respiración. 2) No. 3) Saurischia y Ornithischia.

Página 39 1) Patagotitan. 2) Ballena. 3) Plantas.

Página 41 Avestruz.

Página 42 1) Las usaban como armas y para defenderse de los enemigos. 2) Sí, tenían unas placas en los párpados que les protegían los ojos. 3) Tenía un pesado mazo en el extremo de la cola.

Página 44 1) En el pico de las aves y en nuestras uñas. 2) Unos 2 m de ancho. 3) Muchos animales chocan cuernos: impalas, ciervos, cabras, gacelas saltarinas, vacas, búfalos acuáticos, alces y ñus.

Página 47 1) En 2009. 2) El Epidexipteryx. 3) *Dromaeosauriformipes rarus.*

Página 49 1) Omnívoros. 2) Plantas. 3) Plantas y hojas.

Página 51 1) 25 cm de grosor. 2) Para llamar la atención de las hembras. 3) Plantas.

Página 53 1) a. 2) Carnívoro.

Página 55 1) 60. 2) De un Velociraptor. 3) Más ligero.

Página 57 1) Los saurópodos, como el Diplodocus y el Supersaurus. 2) Sí. 3) El Sinosauropteryx.

Página 59 1) Falso. Se encontraron en Mongolia y China. 2) Falso. La mayoría de los dinosaurios enterraban sus huevos para protegerlos de los depredadores. 3) Verdadero.

Página 60 1) c. 2) c.

Página 64 1) Anillos escleróticos. 2) Carnívoro. 3) Plantas.

Página 66 1) No. 2) Una laringe. 3) Sonidos de cocodrilo y de aves.

Página 69 1) Cocodrilos, caimanes y aves. 2) Oviraptor. 3) Podían ser cientos.

Página 71 1) El Ryolophosaurus. 2) No, sus plumas suelen ser marrones, grises o color crema.

Página 73 1) T. rex. 2) Una vela. 3) No, El Spinosaurus se había extinguido cuando apareció el T. rex. También vivían en lugares distintos.

Página 75 1) Capturar y arponear peces. 2) Sí. 3) Un cocodrilo.

Página 77 1) Para evitar el ataque de los depredadores. 2) Manada. 3) Omnívoros.

Página 79 1) Eran huecos y ligeros. 2) Baten las alas. 3) Del tamaño aproximado de los pájaros cantores, como el mirlo o el azulejo.

Página 81 1) Los dinosaurios carnívoros podían abrir más la boca. 2) Entre 17 y 40 km/h.

Página 83 Troodon.

Página 85 1) Una forma de camuflaje en la que un animal tiene la parte superior del cuerpo más oscura y la inferior más clara. 2) Blanco, negro y gris. 3) El Sinosauropteryx.

Página 87 1) Del tamaño aproximado de un cuervo. 2) Ardillas voladoras y dragones voladores. 3) China.

Página 89 1) Verdadero. 2) Falso. Significa «dragón profundamente dormido». 3) Falso. Se descubrió en 2004.

Página 91 1) Falso. Tiene que ver con el olfato. 2) Verdadero. 3) Verdadero.

Página 93 1) El desierto de Gobi, Asia. 2) Contando las capas de hueso del fósil de dinosaurio. 3) 1,8 m de la cabeza a la cola.

Página 95 1) Therizinosaurus. 2) Hadrosaurus. 3) Allosaurus.

Página 99 1) Hace 66 millones de años. 2) Alrededor del 25 por ciento. 3) Porque los dinosaurios hervíboros murieron, así que no había otros dinosaurios que comer.

Página 101 1) Península de Yucatán, México. 2) La lava puede alcanzar los 871 °C. 3) Gases procedentes de la erupción.

Página 102 1) Unas 10000. 2) Sí, durante millones de años. 3) Sí, las aves.

Página 104 1) Falso. El Triceratops vivía cerca de donde cayó el meteorito, así que probablemente se extinguió antes que el Therizinosaurus. 2) Verdadero. 3) Falso. Cayó en México.

Página 106 1) Falso. Era herbívoro. 2) Verdadero. 3) Falso. Los dinosaurios se extinguieron muchos años antes de que aparecieran los humanos.

Página 111 1) No, procede de la resina del árbol. 2) Tiene unos 3500 años. 3) Los fósiles que han sido producidos por un organismo, como las huellas o las heces.

Página 113 1) a. 2) b.

Página 115 1) Un antiguo crustáceo extinto. 2) El Chilesaurus diegosuarezi. 3) 2011.

Página 117 1) Sí. 2) La Cuna de la Humanidad, Sudáfrica. 3) «Bebé dragón de China».

Página 118 1) Pinceles, cinceles y martillos. 2) ¡Depende! Desde unas pocas horas a varios años. 3) El Plesiosaurio cuellilargo.

Página 121 1) Pinceles e instrumentos dentales. 2) Yeso. 3) Se estima que alrededor de 2100.

Página 123 1) Forma de V. 2) Dejaban muchas huellas parecidas juntas. 3) Cientos de miles.

Página 125 1) Sí. 2) Cuatro. 3) No, el Psittacosaurus tenía pico pero no tenía alas.

Página 127 1) Coprolito. 2) T. rex. 3) Más de 1200 coprolitos.

Página 129 1) Falso. Actualmente, los científicos encuentran una nueva especie más o menos cada diez días. 2) Verdadero. 3) Falso. Vivía en Norteamérica.

¿Lo saben tus amigos?

¿Quién sabe más de dinosaurios? Pon a prueba a tus amigos y familiares con estas preguntas. Tienes las respuestas en las páginas 134-135.

Preguntas

1. ¿Cuál era el **dinosaurio más alto**?

5. ¿Qué tamaño tiene el **coprolito** (heces fosilizadas) **más grande**.

8. ¿Cuál era el **dinosaurio con más pinchos**?

10. ¿Cuánto **se desplazaban**?

2. ¿Hacían nidos los dinosaurios?

3. ¿Cómo se llaman los científicos que buscan dinosaurios?

4. ¿Dónde vivían la mayoría de los **dinosaurios**?

6. ¿Qué dinosaurio tenía los cuernos más grandes?

7. ¿Coincidieron con los mamuts?

9. ¿Luchaban los dinosaurios?

11. ¿Cómo se llaman los dinosaurios que solo comen carne?

13. ¿Sobre cuántas **patas andaban** los **dinosaurios**?

14. ¿Eran de **vivos** colores?

12. ¿Qué dinosaurio tenía los **pies más grandes**?

15. ¿Cuál fue el **primer** dinosaurio que **se halló**?

Respuestas

1. El Sauroposeidon, que medía **18,5 m de alto**.

8. El **Kentrosaurus**, tenía dos filas de pinchos en la espalda.

7. **No,** vivieron en distintas épocas.

9. **¡Sí!** Los **dinosaurios carnívoros cazaban a otros dinosaurios** y probablemente también luchaban con otros de su propia especie.

2. **Sí**

3. **Paleontólogos.**

4. Se han encontrado **fósiles de dinosaurio** en todo el mundo, pero los mejores lugares para encontrarlos son **China**, **Argentina** y **Norteamérica**.

5. **¡44 cm de largo!**

6. **El Coahuilaceratops**, pariente del Triceratops, **tenía unos cuernos** de **1,2 m de largo**.

10. Los **dinosaurios más grandes migraban** estacionalmente y recorrían cientos de kilómetros.

11. **Carnívoros.**

12. Una **especie de saurópodo** desconocida, con unas **huellas de 1,7 m de largo**.

13. Algunos sobre **dos patas** y otros sobre **cuatro**.

14. **Es imposible saberlo seguro. Los paleontólogos dicen que sí lo eran, porque las aves son parientes de los dinosaurios.**

15. **El Megalosaurus.**

Glosario

A lo largo del libro se utilizan algunas palabras que a lo mejor no estás seguro de lo que significan. Aquí las tienes definidas.

amonite
Molusco antiguo extinto que existió en la era Mesozoica.

anfibios
Grupo de animales de sangre fría que viven en el agua y que cuando son adultos pueden salir a tierra firme.

anquilosaurios
Dinosaurios hervíboros y cuadrúpedos que tenían el cuerpo protegido, por ejemplo con placas y pinchos. Vivieron durante el período Cretácico.

antiguo
Algo que es muy viejo y existió hace mucho tiempo.

camuflaje
Diseños o colores de la piel, las plumas o el pelaje de un animal que le permiten que se mimetice con el entorno.

carnívoro
Animal que se alimenta de carne exclusivamente.

carroñero
Animal que se alimenta de los restos de otro animal muerto.

ceratopsianos
Dinosaurios hervíboros y cuadrúpedos que tienen cuernos y pico. Vivieron en el Jurásico y el Cretácico.

clima
Meteorología y temperatura de un lugar o durante un cierto período de tiempo.

conservación
Método para asegurarse de que los restos de una planta o animal no cambian demasiado con el paso del tiempo.

coprolito
Heces de animal que se han fosilizado.

coraza
Elementos naturales que protegen a un animal de posibles daños, como las placas y los pinchos.

Cretácico
Ver período Cretácico.

depredador
Animal que caza y mata a otros animales vivos para comérselos.

dinosaurio
Grupo dominante de animales que vivió en tierra firme durante la era Mesozoica.

era Mesozoica
Los períodos Triásico, Jurásico y Cretácico juntos.

erupción
Cuando la lava, y a veces también ceniza y rocas, sale disparada de un volcán debido a un aumento de presión.

especie
Grupo de animales, o plantas, parecidos que comparten unas mismas características.

esqueleto
Conjunto de huesos del cuerpo de un animal que lo sostiene y le ayuda a moverse.

estegosaurio
Dinosaurio hervíboro y cuadrúpedo que tiene placas o pinchos en la espalda. Vivieron

durante el Jurásico y el Cretácico.

evolucionar
Forma en que un ser vivo cambia y se adapta con el paso del tiempo para sobrevivir.

extinción
Cuando un grupo, o especie, de animales o plantas desaparece por completo.

forrajeo
Cuando un animal va en busca de comida.

fósil
Restos de plantas o animales, como los dinosaurios, que murieron hace mucho y se han conservado en la Tierra.

fosilización
Proceso por el que una planta o animal se transforma en fósil.

hábitat
Lugar en el que vive un animal o planta.

hadrosaurus
Grupo de dinosaurios con pico de pato y, a veces, cresta. Vivieron en el período Cretácico.

herbívoro
Animal que se alimenta de plantas exclusivamente.

ictiosaurio
Tipo de reptil marino que se parecía al delfín y vivió en la era Mesozoica.

El T. rex era «carnívoro». ¿Sabes qué significa?

invertebrado
Animal que no tiene columna vertebral.

Jurásico
Ver período Jurásico.

mamíferos
Grupo de animales de sangre caliente con pelo o pelaje. Este grupo incluye, por ejemplo, a los perros y a los osos.

manada
Grupo de animales que se desplazan o viven juntos.

medio ambiente
Entorno natural de un ser vivo.

Mesozoico
Ver era Mesozoica.

meteorito
Fragmento de roca o metal procedente del espacio que choca con la Tierra.

omnívoro
Animal que se alimenta tanto de carne como de plantas.

ornitópodos
Grupo de dinosaurios herbívoros que incluye a los hadrosauros.

paleontólogo
Científico que estudia los fósiles para comprender la historia de la vida en la Tierra.

Pangea
Nombre del supercontinente de la Tierra desde hace 335 millones de años hasta hace 175 millones de años.

paquicefalosaurios
Dinosaurios herbívoros u omnívoros con la cabeza abovedada y dos patas. Vivieron en el período Cretácico.

período Cretácico
Tercer y último período de la era Mesozoica. Tuvo lugar hace entre 145 y 66 millones de años.

período Jurásico
Segundo período de la era Mesozoica. Tuvo lugar hace entre 200 y 145 millones de años.

período Triásico
Primer período de la era Mesozoica. Tuvo lugar hace entre 251 y 200 millones de años.

pistas
Huellas o marcas dejadas por un animal al moverse por una zona.

plesiosaurio
Tipo de reptil marino que vivió en la era Mesozoica.

prehistoria
Tiempo remoto anterior a los documentos escritos.

presa
Animal que es cazado y aniquilado por otro animal para comérselo.

pterosaurios
Reptiles voladores prehistóricos de la era Mesozoica.

reptiles
Grupo de animales dotados de cuatro extremidades que ponen huevos y viven siempre en tierra firme. Incluye a lagartos, cocodrilos y serpientes.

restos
Cuerpo de un animal muerto.

saurópodos
Dinosaurios herbívoros con cuatro patas, un largo cuello y una cola larga. Vivieron durante los períodos Triásico, Jurásico y Cretácico.

supercontinente
Superficie de tierra firme cuando todos los continentes de la Tierra estaban unidos.

terópodos
Grupo de dinosaurios bípedos y carnívoros que vivieron en los períodos Triásico, Jurásico y Cretácico.

territorio
Zona que un animal considera propia y que defiende del resto de los animales.

Triásico
Ver período Triásico.

vértebra
Huesos que forman la columna vertebral de un animal o humano.

vertebrado
Animal que tiene columna vertebral.

Índice

Agradecimientos

DORLING KINDERSLEY agradece a: Caroline Hunt por la revisión; Helen Peters por el índice; Abi Luscombe, Seeta Parmar, Becky Walsh y Sam Priddy por su aistencia editorial; Emma Hobson, Fiona Macdonald, Elle Ward, Rashika Kachroo y Kartik Gera por el diseño adicional, y Ashok Kumar y Nityanand Kumar por su apoyo técnico.

Smithsonian Enterprises
Asesoramiento Matthew T. Miller, especialista de Museos, Departamento de Paleobiología, National Museum of Natural History, Smithsonian
Dirección de desarrollo de producto Kealy Gordon
Responsable sénior de derechos de edición Ellen Nanney
Dirección de derechos de edición Jill Corcoran
Vicepresidencia de Productos de Consumo y Educación Brigid Ferraro
Presidencia Carol LeBlanc

Los editores agradecen a los siguientes su permiso para la reproducción de sus fotografías:

(Clave: a: arriba; b: bajo/debajo; c: centro; d: derecha; e: extremo; i: izquierda; s: superior)

1 Dorling Kindersley: Dan Crisp (cb). **2 Dorling Kindersley**: Jon Hughes (bd). **3 Alamy Stock Photo**: Jim Lane (bd). **Dorling Kindersley**: Dan Crisp (cda, bc). **4 Dorling Kindersley**: Dan Crisp (cda). **5 Science Photo Library**: Mikkel Juul Jensen (cb). **6 Alamy Stock Photo**: Stocktrek Images, Inc. (b). **7 Dorling Kindersley**: Simon Mumford / Colorado Plateau Geosystems Inc. (ca). **8-9 Getty Images**: Mark Wilson / Newsmakers. **10 123RF.com**: Leonello Calvetti (cd). **Alamy Stock Photo**: Leonello Calvetti (bd); Corey Ford (ecd). **Dreamstime.com**: Leonello Calvetti (cib); Corey A. Ford (sd). **11 123RF.com**: Mark Turner (c). **Alamy Stock Photo**: Corey Ford (sc); Mark Turner (ca); Stocktrek Images, Inc. (ca/Chiniquodon). **Dreamstime.com**: Anphotos (bi); Nicolás Fernández (c/Megazostrodon, bd); Mr1805 (cb). **12 Dorling Kindersley**: Dan Crisp (cda, cdb); Simon Mumford / Colorado Plateau Geosystems Inc. (c, cd). **13 Dorling Kindersley**: Dan Crisp (cib, ca, cb, cdb); Simon Mumford / Colorado Plateau Geosystems Inc. (ci, c, cd). **16 Alamy Stock Photo**: MasPix (cdb); **Science Photo Library** (cib). **Getty Images**: Yuriy Priymak / Stocktrek Images (cd). **16-17 iStockphoto.com**: Dottedhippo (s). **17 Alamy Stock Photo**: Stocktrek Images, Inc. (ci). **Science Photo Library**: Roger Harris (cib). **18 Dreamstime.com**: Adambowers (c); Elena Gladkaya (cd); Sippapas (ecib); Vaeenma (ecda, bi); Peter Minister and Andrew Kerr / Xunbin Pan (cdb). **18-19 Dorling Kindersley**: Simon Mumford / Colorado Plateau Geosystems Inc. (b). **19 123RF.com**: Leonello Calvetti (si); Corey A. Ford (cia); Mark Turner (cb). **Alamy Stock Photo**: Stocktrek Images, Inc. (ca). **Dreamstime.com**: Elena Gladkaya (ecia, c, c/árboles de la era Mesozoica, cb/bosque de la era Mesozoica, cdb); Mark Turner (cda). **20 Alamy Stock Photo**: Age Fotostock (cib). **Dreamstime.com**: Iskandarov (bi); Markit (cib/brotes de cola de caballo). **20-21 Alamy Stock Photo**: MBI (b). James Kuether. **21 Getty Images**: Emily Willoughby / Stocktrek Images (cdb). **22 Alamy Stock Photo**: MasPix (ca/Ichthyosaurus). **Dreamstime.com**: Paul Fleet (cia); Andreas Meyer (d). **Science Photo Library**: Jaime Chirinos (ca). **23 123RF.com**: Michael Rosskothen (cia). **Dorling Kindersley**: Jon Hughes (c). **24 Dreamstime.com**: Yujie Chen (sd). **24-25 Dreamstime.com**: Carlos Restrepo (b). **25 Dorling Kindersley**: Natural History Museum, Londres (ca); Oxford Museum of Natural History (cda). **Dreamstime.com**: Radu Borcoman / Radukan (cd). **26 Alamy Stock Photo**: AGF Srl (cia); Mohamad Haghani (b). **27 Alamy Stock Photo**: MasPix (s). **28 Dorling Kindersley**: Jon Hughes (cdb). **Dreamstime.com**: Mr1805 (bi). **iStockphoto.com**: Warpaintcobra (s). **29 Alamy Stock Photo**: Dan Barbatala (cd). **30 Dorling Kindersley**: Senckenberg Nature Museum. **31 Dreamstime.com**: Gorshkov13 (ca); Martin Pelanek (cia); Ondrej Prošický (cda). **32 Dreamstime.com**: Mr1805 (cib). **32-33 Dreamstime.com**: Leonello Calvetti (cb). **33 123RF.com**: Michael Rosskothen (cia). **35 123RF.com**: Michael Rosskothen (cdb). **Dreamstime.com**: Mr1805 (cd). **36 Dorling Kindersley**: Dan Crisp (cb, bc). **36-37 Dreamstime.com**: Leonello Calvetti. **37 123RF.com**: Mark Turner (cda). **38-39 Alamy Stock Photo**: Mohamad Haghani. **39 Dreamstime.com**: Mr1805 (cia). **40-41 Alamy Stock Photo**: Stocktrek Images, Inc. **41 123RF.com**: Alexis Bélec (cda). **42-43 Alamy Stock Photo**: MasPix. **43 Alamy Stock Photo**: Fresh Start Images (cdb). **44-45 James Kuether**: (b). **44 Science Photo Library**: Susumu Nishinaga (cda). **45 Alamy Stock Photo**: Jean-Fr@Ncois Ducasse (cia); RooM the Agency (ca). **47 Alamy Stock Photo**: Steve Vidler (ca). **48 Getty Images**: Mohamad Haghani / Stocktrek Images (bi). **48-49 Alamy Stock Photo**: Stocktrek Images, Inc. (b). **49 Alamy Stock Photo**: Mohamad Haghani (bd). **Science Photo Library**: Laurie O'keefe (ca). **50 Alamy Stock Photo**: Jim Lane (s). **51 Alamy Stock Photo**: Stocktrek Images, Inc. (cda). **Dorling Kindersley**: James Kuether (cda/Stygimoloch). **James Kuether**: (b). **52-53 Alamy Stock Photo**: Mohamad Haghani. **iStockphoto.com**: OlgaPtashko (fondo). **52 Alamy Stock Photo**: Corbin17 (cdb). **53 Friends of North Carolina Museum of Natural Sciences**: Jorge González (cd). **Science Photo Library**: José Antonio Penas (cda). **54-55 Alamy Stock Photo**: AGF Srl. **55 Alamy Stock Photo**: Stocktrek Images, Inc. (bi). **56 Alamy Stock Photo**: Friedrich Saurer (bi). **Dorling Kindersley**: Jon Hughes (bc). **iStockphoto.com**: Elenarts (cib). **56-57 iStockphoto.com**: Corey A. Ford (b). **57 Getty Images**: Feature China / Barcroft Images / Barcroft Media (cia); Mohamad Haghani / Stocktrek Images (cd). **iStockphoto.com**: Leonello (bd). **58 Alamy Stock Photo**: Natural Visions (cb). **Dorling Kindersley**: Dorset Dinosaur Museum (cib). **Dreamstime.com**: Sergeyoch (ecib). **58-59 123RF.com**: Oleg Palii (b). **Dorling Kindersley**: Dorset Dinosaur Museum (cb). **59 Alamy Stock Photo**: World History Archive (cb). **Dorling Kindersley**: Natural History Museum, Londres (cdb). **Dreamstime.com**: Skypixel (cib). **James Kuether**: (ca). **Science Photo Library**: Dirk Wiersma (cia). **60 Dreamstime.com**: Dragoneye (cdb). **61 Alamy Stock Photo**: Q-Images (cia); Stocktrek Images, Inc. (cda). **Dreamstime.com**: Paulus Rusyanto (c). **Getty Images**: Nobumichi Tamura / Stocktrek Images (cdb); Sergey Krasovskiy (cd). **62 Alamy Stock Photo**: Mohamad Haghani (bd); Stocktrek Images, Inc. (ci). **64 Alamy Stock Photo**: Stocktrek Images, Inc. (cd). **64-65 Alamy Stock Photo**: Corey Ford (ca). **65 Dreamstime.com**: Andrey Armyagov (ci); Corey A. Ford (cib); Zephierwind (cda). **66 Dreamstime.com**: Sebastian Kaulitzki (si). **67 Alamy Stock Photo**: Ian Dagnall (bd). **68 Alamy Stock Photo**: Science History Images (cda). **71 Dorling Kindersley**: Jon Hughes (bc). **Dreamstime.com**: Shawn Hempel (cda). **72 Alamy Stock Photo**: Leonello Calvetti (b). **73 Getty Images**: Sciepro (b). **74 Dorling Kindersley**: Peter Minister (cib). **74-75 Alamy Stock Photo**: Stocktrek Images, Inc. **76-77 Alamy Stock Photo**: Corey Ford. **77 123RF.com**: Thomas Samantzis (cia). **Dreamstime.com**: Karin Van Ijzendoorn (ca). **78 Alamy Stock Photo**: Stocktrek Images, Inc. (cb); YAY Media AS (ci). **78-79 Alamy Stock Photo**: Stocktrek Images, Inc. **79 Alamy Stock Photo**: Hans Winke (cda). **82 Science Photo Library**: Millard H. Sharp / Science Source (ca). **83 Alamy Stock Photo**: Leonello Calvetti (i). **84-85 Dreamstime.com**: Janina Kubik. **85 Alamy Stock Photo**: National Geographic Image Collection (bc). **86 Alamy Stock Photo**: Avalon / Photoshot License (cib); Nature Picture Library (cb). **86-87 Alamy Stock Photo**: Mohamad Haghani. **88 Alamy Stock Photo**: Electra Kay-Smith (ci). **90 Alamy Stock Photo**: Orlando Florin Rosu (c). **92-93 Alamy Stock Photo**: Zoonar GmbH (fondo). **93 Alamy Stock Photo**: Steve Vidler (sd). **94-95 James Kuether**. **94 Alamy Stock Photo**: Dan Barbatala (bd). **Dreamstime.com**: Mark Turner (bc). **95 Alamy Stock Photo**: Independent Picture Service (ca). **96 Science Photo Library**: Mikkel Juul Jensen (b). **97 Getty Images**: Corey Ford / Stocktrek Images (ca). **98-99 Science Photo Library**: Mikkel Juul Jensen. **100-101 Getty Images**: Corey Ford / Stocktrek Images. **100 Alamy Stock Photo**: Dylan Garcia Photography (bi). **102 Alamy Stock Photo**: Dpa Picture Alliance Archive (cd). **Dreamstime.com**: Duelunemania (cdb). **102-103 Dreamstime.com**: Erllre (s). **103 Alamy Stock Photo**: Nature Picture Library (cib). Avalon: Phil Skinner / Atlanta Journal-Constitution / MCT (cdb). **Dreamstime.com**: William Wise (ci). **Science Photo Library**: Roman Uchytel (cdb/Hyaenodon horridus). **104 Alamy Stock Photo**: MasPix (cia). **104-105 Alamy Stock Photo**: Mark Turner (s). **105 Alamy Stock Photo**: Kostyantyn Ivanyshen (bi); Stocktrek Images, Inc. (cd). **Dreamstime.com**: Linda Bucklin (bc). **106-107 123RF.com**: Zhudifeng. **107 Dreamstime.com**: Iulianna Est (cia); Peter Wollinga (ca). **108 Alamy Stock Photo**: Lou Linwei. **109 Science Photo Library**: Philippe Psaila (ca). **110 Alamy Stock Photo**: Rana Royalty free (ci). **110-111 Dreamstime.com**: Bjornforenius (b). **111 Dorling Kindersley**: Oxford University Museum of Natural History (cia); Natural History Museum, Londres (ci); Dorset Dinosaur Museum (cd). **Dreamstime.com**: Anetlanda (cb). **113 Alamy Stock Photo**: National Geographic Image Collection (cda). **114 Dorling Kindersley**: Natural History Museum (cda). **Dreamstime.com**: Radomir Tarasov (bi). **iStockphoto.com**: Bobbushphoto (bd). **115 Alamy Stock Photo**: James Osmond Photography (bd); National Geographic Image Collection (ci); Christopher Jones (c). **Getty Images**: Ben Nelms / Bloomberg (bi). **116 Alamy Stock Photo**: i creative (c). **Getty Images**: Kazuhiro Nogi / AFP (bi). **117 Alamy Stock Photo**: NDK (cd); Martin Shields (ca). **Dreamstime.com**: Jaroslav Moravcik (bi). **118-119 Alamy Stock Photo**: Lou Linwei. **119 Alamy Stock Photo**: GL Archive (cda); North Wind Picture Archives (cd); Óscar González / WENN.com (cdb). **Dorling Kindersley**: Natural History Museum, Londres (sc). **120 Alamy Stock Photo**: AB Forces News Collection (cda); imageBROKER (bi). **Getty Images**: STR / AFP (cia). **120-121 Getty Images**: Jean-Marc Giboux / Liaison (bc). **121 Getty Images**: James Leynse / Corbis (s). **Rex by Shutterstock**: Florian Wieser / EPA-EFE (cib). **122 Universidad de Queensland**: Steven W. Salisbury / Anthony Romilio (bi). **122-123 Alamy Stock Photo**: Tom Bean. **123 Dorling Kindersley**: James Kuether (cdb). **124 Getty Images**: Emily Willoughby / Stocktrek Images (b). **125 123RF.com**: Andrejs Pidjass / NejroN (sd). **Getty Images**: Sergey Krasovskiy (ci). **Science Photo Library**: Matteis / Look At Sciences (bi). **126-127 Alamy Stock Photo**: Rosanne Tackaberry (c). **126 Dorling Kindersley**: Natural History Museum, Londres (bd). **Dreamstime.com**: Vaclav Volrab (cib). **127 Alamy Stock Photo**: www.pqpictures.co.uk (cib). **Dorling Kindersley**: Dorset Dinosaur Museum (cia). **iStockphoto.com**: wwing (ca). **128 Science Photo Library**: Pascal Goetgheluck (bd); Smithsonian Institute (ci). **129 Alamy Stock Photo**: Corey Ford (cd); Panther Media GmbH (cda). **iStockphoto.com**: Hekakoskinen (cib, bc). **Science Photo Library**: Philippe Psaila (cia). **130 123RF.com**: Andrejs Pidjass / NejroN (cdb). **Dorling Kindersley**: Natural History Museum, Londres (bi). **Dreamstime.com**: Janina Kubik (bd). **132-133 iStockphoto.com**: OlgaPtashko (fondo). **James Kuether**: (bc). **132 Alamy Stock Photo**: Corey Ford (cd); Mohamad Haghani (ci); Rosanne Tackaberry (cda). **133 123RF.com**: Andrejs Pidjass / NejroN (cd). **Dorling Kindersley**: Royal British Columbia Museum, Victoria, Canadá (ca). **Science Photo Library**: Dirk Wiersma (cia). **134-135 123RF.com**: Zhudifeng (fondo). **Alamy Stock Photo**: Stocktrek Images, Inc. (bc). **134 Alamy Stock Photo**: Mark Turner (cda). **135 123RF.com**: Corey A. Ford (cb). **Alamy Stock Photo**: Corey Ford (cda); GL Archive (cia). **137 Alamy Stock Photo**: Mohamad Haghani (bd). **141 Dreamstime.com**: Anetlanda (cia). **142 123RF.com**: Oleg Palii (b)

Imágenes de las guardas: *Delantera*: **123RF.com**: Corey A. Ford cda, Corey A. Ford ca; **Alamy Stock Photo**: Andrey Burmakin bi (fondo), Mohamad Haghani ebi, Stocktrek Images, Inc. bc; **Dorling Kindersley**: Dan Crisp ecda, ecd, Andrew Kerr bi, Natural History Museum, Londres bd; **Unsplash**: Francesco Ungaro cd; *Trasera*: **123RF.com**: Corey A. Ford cda, Corey A. Ford ca; **Alamy Stock Photo**: Andrey Burmakin bi (fondo), Mohamad Haghani ebi, Stocktrek Images, Inc. bc; **Dorling Kindersley**: Dan Crisp ecda, ecd, Andrew Kerr bi, Natural History Museum, Londres bd; **Unsplash**: Francesco Ungaro cd

Imágenes de la cubierta: *Cubierta frontal:* **123RF.com**: Corey A. Ford ca, Corey A. Ford cia; **Dorling Kindersley**: Dan Crisp cda, cd; **Unsplash**: Francesco Ungaro c; *Contracubierta*: **Alamy Stock Photo**: Mohamad Haghani bd, Stocktrek Images, Inc. cd; **Dorling Kindersley**: Andrew Kerr cb; **Dreamstime.com**: Anetlanda bi; *Lomo*: **Dorling Kindersley**: Dan Crisp ca; **Dreamstime.com**: Anetlanda cb

Resto de las imágenes © Dorling Kindersley
Para más información ver: www.dkimages.com